青少年体育锻炼习惯
养成的理论与实践

王 坤 著

上海交通大学出版社
SHANGHAI JIAO TONG UNIVERSITY PRESS

内容提要

  体育运动是健康生活方式的重要内容,有规律的体育锻炼习惯可以促进人的身体健康,提高生命质量,也是实现全民健康最积极、最有效,最经济的手段之一。本书借助相关学科理论和方法,试图多角度、多层次、多方法地梳理青少年体育锻炼习惯的研究,深入探索体育锻炼习惯的内涵,探讨养成与教育干预模式,最终形成"学校—家庭—社会"协同联动的青少年体育锻炼习惯的培养体系,促进青少年体育锻炼习惯的养成。对进一步补充和丰富锻炼心理学的有关理论具有一定价值。有助于青少年体育锻炼习惯养成,提升体质健康水平,促进学生全面发展具有较好的实践意义。

图书在版编目(CIP)数据

青少年体育锻炼习惯养成的理论与实践/ 王坤著
. —上海:上海交通大学出版社,2019
ISBN 978 - 7 - 313 - 22697 - 6

Ⅰ.①青…　Ⅱ.①王…　Ⅲ.①青少年—体育锻炼—习
惯性—养成教育　Ⅳ.①G806

中国版本图书馆 CIP 数据核字(2019)第 272877 号

青少年体育锻炼习惯养成的理论与实践
QINGSHAONIAN TIYU DUANLIAN XIGUAN YANGCHENG DE LILUN YU SHIJIAN

著　者:王坤

出版发行:上海交通大学出版社　　　地　址:上海市番禺路 951 号
邮政编码:200030　　　　　　　　　电　话:021 - 64071208
印　制:当纳利(上海)信息技术有限公司　经　销:全国新华书店
开　本:710 mm×1000 mm　1/16　　印　张:14.75
字　数:197 千字
版　次:2019 年 12 月第 1 版　　　　印　次:2019 年 12 月第 1 次印刷
书　号:ISBN 978 - 7 - 313 - 22697 - 6
定　价:58.00 元

序

　　青少年身心健康、体魄强健、意志坚强、充满活力,是一个民族生命力旺盛的体现,是社会文明进步的重要标志,是国家综合实力的重要方面。最近几十年,中国青少年的健康素质持续下降,其主要原因就是忽视了应有的体育锻炼。体育锻炼作为提高青少年健康素质的有效途径,对青少年思想品德、智力发育、审美素养和健康生活方式的形成等都具有不可替代的作用。如何激发、培养和推动青少年体育锻炼习惯的养成,已成为体育教育工作中的一个重要组成部分。

　　很高兴看到王坤博士把他的《青少年体育锻炼习惯养成的理论与实践》一书付梓出版。这一著作是他近几年学习和研究的重要成果。① 什么是青少年体育锻炼习惯? ② 如何测量和评价青少年体育锻炼习惯? ③ 影响青少年体育锻炼习惯养成的因素有哪些? ④ 如何培养和推动青少体育锻炼习惯的养成? 对于以上问题,王坤博士在他的书中都一一做了回答。第一,他在基于对相关研究文献资料梳理的基础上,评析了青少年锻炼习惯的概念、特征、测量、理论及其影响因素。第二,以理论研究为基础,构建了中国青少年体育锻炼习惯的概念模型,研制了中国青少年锻炼习惯的测量工具。第三,使用相关测量工具实证揭示了影响中国青少年锻炼习惯养成的因素。第四,采用实验法对学校、家校合作对青少年体育锻炼习惯的养成进行了干预研究,并提出了相关对策和研究建议。第五,实证建构了"学校—家庭—社区"三位一体的中国青少年体育锻炼习惯养成的教育干预模型。

　　王坤博士的研究设计合理,思路清晰,方法科学,行为规范,可以看出王坤博士具有扎实的理论功底和严谨的治学态度。特别是他采用理论构建与方法构建相结合、调查研究与实验研究相结合、定性分析与定量分析相结合的多元化、多层次、多角度的综合性研究技术线路,对学校、家校合作影响青少年体育锻炼习惯的养成进行了干预研究,并实证构建了"学校—家庭—社会"协同联动的青少年体育锻炼习惯养成的教育干预模式,很有见地和新意,这对于促进中国青少年体育锻炼习惯的养成,对增强中国青少年体质,提高中国青少年综合素质,实现教育现代化,建设人力资源强国,培养德智体美全面发展的人才,具有十分重要的理论意义和实践应用价值。

王坤博士是上海交通大学年轻有为的教师和学者。他在华东师范大学就读季浏老师的博士期间,在德州农工大学(Texas A & M University)访学一年。作为他的指导教师,我发现王坤博士受过很好的学术训练,思想敏锐,能及时抓住理论上或实践中的重大问题进行研究。他治学严谨,为人谦和,乐于助人。王坤博士选取青少年体育锻炼习惯养成这一议题进行研究,是在中国青少年健康素质持续下降背景下深思而决定的,青少年的体质健康水平不仅关系个人健康成长和幸福生活,而且关系到整个民族健康素质,也关系中国人才培养的质量,这一选题的重要价值也在于此。现在我们看到的是王坤博士在青少年体育锻炼习惯养成方面的阶段性成果,相信这一著作的出版可以给中国教育界和体育界同仁带来一丝启迪和帮助,这会对中国青少年体育锻炼及学校体育的发展起到积极的促进作用。同时,也相信王坤博士的这一著作一定会成为学校体育研究中的重要成果。学无止境,我衷心期望和坚信王坤博士能在今后的学术道路上不断探索,勇于创新,争取取得更大的突破为,为中国体育事业的发展和繁荣贡献力量。

美国德州农工大学教授 博士生导师
美国国家人体运动学科学院院士
(American Academy of Kinesiology)
2019 年 12 月 6 日写于德州农工大学

目　　录

理　论　篇

实 践 篇

探 索 篇

理 论 篇

第1章 绪 论

1. 问题提出

更聪明、更智慧、更有效地把握命运的方式是什么呢？是最普通、最简单，也许你听了一定会大失所望的两个字组成的词——习惯（Birkedahl，1990）。叶圣陶也曾经说过："什么是教育，简单一句话，就是养成习惯。"古罗马著名诗人奥维德说过："没有什么比习惯的力量更强大。"无论我们是否愿意，习惯总是无孔不入，渗透在我们生活的方方面面，很少会有人意识到习惯的影响力竟如此的强大。人类最伟大的革新，就是战胜自己的习惯。习惯，这一日积月累养成的心理或动作上的活动，在我们的生活中起着非常重要的作用，习惯可以在一定程度上自我调控相关资源，使日常生活更加流畅，甚至也可以作为标准去判断一些事物。好习惯往往让人受益终身，坏习惯往往使人深陷泥潭。习惯看似毫不起眼，但我们一点儿也不能忽视它的重要性。

习惯从个人层面来说可以影响每个人的生活，良好的习惯不仅能使我们的生活更便利，还会给我们带来成功的喜悦，在一定层面上可以改变社会结构的心理机制。我们的习惯或许会因受到外在的刺激而产生一些变动，但这些变动都不是长久的。如果我们没有经历由内而外的变化这一过程，就始终不会明白其中的道理，更不能击败自己的陋习，给自己增加自信的机会，所以我们首先要战胜自己，控制好自己的习惯，要把自己的起跑线前移，不然，我们就不会得到真正意义上的成功。日常生活中，习惯一词常常被用来描述各种广泛的行为,包括人们处于焦虑和厌烦时的行为,如咬指甲成瘾行为,吸烟,以及体育锻炼活动等。在这些例子中,习惯是用来表示某人行为惯例的一种方法,被用来解释日常生活中人的经常性行为。有调查表明,人们日常活动的90%源自习惯(Jack Hodge,2008),我们大多数的日常活动都只是习惯而已,起床、刷牙、驾车上班、参加体育锻炼等,甚至与朋友交往,与家人和同事相处等都是基于我们的习惯,以至于连我们的性格都是习惯的使然。习惯实际上不仅仅影响着我们的个人生活,而且引导着整个社会结构的心理机制的改变。所以,青少年应该接受合理的教育,促进良好习惯的养成。从这个意义上来说,包括体育锻炼习惯在内的习惯养成教育,应当成为素质教育的灵魂与核心。

在锻炼习惯养成过程中,社会的发展对体育锻炼习惯的形成是一个挑战。在人类文明进程中,现代科学技术的发展,给人们带来越来越多生活便利的同时,却使人们养成缺乏身体活动的生活方式。而缺少身体活动又导致心血管疾病、Ⅱ型糖尿病和肥胖等一些疾病的增加。大量的实验研究数据表明,有规律的身体活动对健康有很大的益处,经常锻炼可减少心血管疾病、高血压、糖尿病、肥胖的风险(Fransson,2003),而这些疾病都是导致死亡的原因之一。

世界卫生组织(WHO)调查显示,缺少身体活动是世界十大致命的原因之一,全球每年大约有2 000万人的死因归为缺少身体活动。缺乏运动在全世界范围都是一个非常严重的问题。2010年,世卫组织一项对来自34个国家逾7万名青少年的调查显示,全球近三分之一的儿童每天看电视或花在电脑上的时间长达3小时甚至更多,全球多数儿童锻炼不足。研究人员定义的足量体育活动是指每周至少锻炼5次,每次运动时间至少1小时。除了在学校或做作业的时间,每天在电脑或电视前3小时或以上被定义为惯于久坐。按照这些定义,只有25%的男孩和15%的女孩进行了足量的锻炼(Rodgers, et al,2009)。另外,据国民体质监测显示,我国青少年体能连续10年整体下降,这一现象引起了公众广泛的关注和讨论。针对青少年体质持续下降的现象,有 69.0％的人支持将提高全民族身体素质提升为国家战略(庄姝婷,王聪聪,2010)。而国家体育总局的调查结果中指出:大多数人口进入青年时期后中断体育活动的现象依然存在,并出现逐渐加剧的趋势,在中断体育活动人口中,20 岁以下者占 68.7％,30 岁以下者占 90.5％,与 1996 年相比增加了 18.0％和 11.7％(中国群众体育现状调查课题组,1998)。调查研究表明,作为未来社会主要人力资源的青少年群体,在体育课结束就退出体育锻炼,导致身体素质呈逐年下降的趋势,且存在没有达到生理自然增高点就出现早衰的 20 岁现象(王成,孙蔚,陈善平等,2005)。美国运动医学学院(The American College of Sports Medicine)建议,每周进行 4～5 次持续或间歇的有氧运动,每次持续时间在 20～60 分钟,最大心跳率保持在 55％～90％,这种运动行为可以降低某些健康风险,提高人的生活质量(American College of Sports Medicine,1998)。Rodgers 等人(2009)非常有力的证据证明,体育锻炼习惯的养成,不但可以增强体质,而且还能减少肥胖,降低腹部脂肪以及代谢综合征等一些与健康相关的疾病的发生,并阐述了健康的最大威胁——不参加运动以及相关的疾病,如肥胖。由此可见,社会文明病和医疗费用的增加,已经成为一项影响到世界所有国家和地区的公共健康问题,迫切需要采取有效的解决措施来改变生活方式,而引导人们参加身体锻炼,增加体育锻炼的参与人口,形成锻炼习惯,成为改善生活质量,增进人类健康水平的有效手段之一。

中共中央、国务院印发的《“健康中国 2030”规划纲要》中指出,健康是促进人的全面发展的必然要求,是经济社会发展的基础条件。实现国民健康长寿,是国家富强、民族振兴的重要标志,也是全国各族人民的共同愿望。党和国家历来高度重视人民健康。中华人民共和国成立以来特别是改革开放以来,我国健康领域改革发展取得显著成就,城乡环境面貌明显改善,全民健身运动蓬勃发展,医疗卫生服务体系日益健全,人民健康水平和身体素质持续提高。到 2030 年健康中国指标中健康生活指标,经常参加体育锻炼人数由 2015 年的 3.6 亿人增加到 2020 年的 4.35 亿人,2030 年经常参加锻炼人数增加到 5.3 亿人。数据显示,我国目前经常参加锻炼的人数只有 25.7%,不足三分之一,由此表明,缺乏锻炼已经成为制约国民健康和社会发展的重要因素之一。世界卫生组织(WHO)2008 年调查显示,缺少身体活动是世界十大致命的原因之一,全球每年大约有 2 000 万人因缺乏足够的身体活动而死亡。由此可见,社会发展的工业化、城镇化、生态环境及生活方式的变化,给维护和促进健康带来一系列新的挑战。因此,要普及科学健身知识和健身方法,推动青少年体育锻炼生活化,提高青少年健康素养,推进健康生活方式行动,培育与强化体育锻炼习惯养成及干预,使体育成为健康生活方式的基石。

《中共中央、国务院关于深化教育改革,全面推进素质教育的决定》指出,健康的体魄是青少年为祖国和人民服务的基本前提,是中华民族旺盛生命力的体现。学校教育要树立"健康第一"的指导思想,促进学生健康成长,切实加强体育工作,力争把健康的要求落到实处。青少年只有拥有健康的体魄,才能更好地进行学习和工作。青少年在掌握体育基本知识和基本技能的同时,形成体育与健康的意识,养成良好的体育锻炼习惯,真正实现身体、心理、社会的健康目标。所以,体育锻炼习惯的养成成为摆在青少年面前的重要任务。在体育教育过程中,青少年从对体育的认识到个体体育行为的产生,最终形成体育锻炼习惯,这是一个十分复杂的过程。所以"今后的体育课程和教学应充分关注学生的需求和重视学生的情感体验,加强学生的主体地位。在体育教学的各个环节,始终将学生的主动、全面的发展放在首位,始终重视学生的主体地位,注意激发学生的学习动机和兴趣,让学生在自主的学习过程中学会学习。只有这样,学生坚持锻炼身体的习惯才可能形成"(季浏等,2001)。《全国普通高等学校体育课程教学指导纲要》也指出:"积极参与各种体育活动并基本形成自觉锻炼的习惯,基本形成终身体育的意识,能够编制可行的个人锻炼计划,具有一定的体育文化欣赏能力"等。在已有的锻炼习惯养成的研究中,干预的效果一般是很难持续的,普遍存在着体育锻炼"参与容易,坚持难"的现象。学校体育仍是整个教育事业相对薄弱的环节,对学校体育重要性认识不足、体育课和课外活动时间不能保证、体育教师短缺、场地设施缺乏等问题依然突出,学校体育评价机制亟待建立,社会力量支持学校体育不够,学生体质健康水平仍是学生素质的明显短板。《国务院办公厅关于强化学校体育促进学生身心健康全面发展的意见》(国办发〔2016〕27号)指出"强化学校体育是实施素质教育、促进学生全面发展的重要途径,对于促进教育现代化、建设健康中国和人力资源强国,实现中华民族伟大复兴的中国梦具有重要意义。坚持课堂教学与课外活动相衔接。保证课程时间,提升课堂教学效果,强化课外练习和科学锻炼指导,调动家庭、社区和社会组织的积极性,确保学生每天锻炼一小时。坚持培养兴趣与提高技能相促进。遵循教育和体育规律,以兴趣为引导,注重因材施教和快乐参与,重视运动技能培养,逐步提高运动水平,为学生养成终身体育锻炼习惯奠定基础。所以,研究青少年体育锻炼习惯养成,对青少年的身体素质有着举足轻重的作用,对国家的发展也具有深远的影响。"

2. 研究意义

体育锻炼习惯的养成就是"教育在造就人"的过程,是引导人如何成为一个人的过程,也是实现人的自然属性和社会属性统一的过程,还是实现人的不断否定、不断超越自我的过程。美国国家健康与人类服务部研究结果表明,对所有人而言,科学、合理的体育锻炼有利于身心健康,而青少年参加体育活动(尤其是女生)有下降的趋势,而且伴随着年龄的增长,青少年参加体育活动的时间越来越少,体质健康状况也越来越差,这种良好体育锻炼习惯的缺失,会导致人口素质和生活质量的下降,必须引起高度的重视。环境和教育因素在维持健康生命力的过程中发挥着重要的作用,对人的行为或心理的改变、纠正和引导有着重要的作用。

社会的进步和发展要求我国教育包括学校体育向"家庭—学校—社

会"一体化教育模式的方向发展,向全面实施素质教育,发挥体育教育的育人功能,实现青少年全面素质的方向发展。"家庭—学校—社会"协同合作能够促进学生增强体育意识,形成良好的生活方式,终身体育观和终身健康观。为营造有利于青少年主动参与体育锻炼的良好环境,促进青少年体育锻炼习惯的养成,本研究借助相关学科理论和方法,开展多角度、多层次、多方法的综合性探索,探讨青少年体育锻炼习惯养成的理论以及"个体—家庭—学校—社区"一体化的体育锻炼习惯的养成与教育干预模式,最终形成"学校—家庭—社会"协同联动的青少年体育锻炼习惯的培养体系,从而全面提升人才培养质量,健全学生人格品质,切实发挥体育在立德树人,推进素质教育中的综合作用,培养德智体美全面发展的社会主义建设者和接班人,对实现国民健康长寿,国家富强、民族振兴具有重要的实践意义。同时,这一研究成果对补充、丰富和发展锻炼心理学的有关理论有一定的理论意义。

第 2 章　青少年体育锻炼习惯养成的现状研究

第 1 节　习惯的概念与形成

1. 古代西方学者对于习惯概念所付出的心血

1.1　韦氏字典与牛津辞典对习惯的定义

如果打开英文字典,翻找关于"habit"的解释,会惊讶地看到我们以为与"habit"根本无关的解释,同时也开始领会到西方人并不是有历史以来就有"习惯"这两个字所代表的意义。原来,英文的"habit"意义上与衣服,服饰有关,所以习惯与衣服有渊源关系。《韦氏新国际字典》的前身——《美国辞典》是由 N. Webster 于 1828 年撰写的,其中对"习惯"(habit)所做的解释包含:服装、体态、体质、习久成自然而渐失抵抗的癖性、复习而成的习性或趋势等;另一方面,与该辞典同样负有权威盛誉的《英国牛津大辞典》同样有类似的注解:癖好、气质、体质、习性、服装等。这两部大辞典均表明习惯可以指涉"服装"这个意义,习惯和我们日常生活中不可或缺的衣服一样,与我们有着形影不离的关系。它也和穿衣服一样,初穿时感觉不自然、别扭,但穿久了以后就可能开始喜欢上它,而且舍不得把它丢去不要。再者,和衣服一样,习惯也和个人的身份地位息息相关,不同身份、不同地位的人会养成与之有关的习惯。而《美国辞典》是这样定义"习惯"的:① 一种重复性的、通常为无意识的日常行为规律,它往往通过对某种行为的不断重复而获得;② 思维和性格的某种倾向;③ 一种习惯性的态度和行为。《英国牛津大辞典》有如下数项:① 癖,癖好;② 气质,素质;③ 体质;④ 习性(对植物,动物而言);⑤ 衣服,服装(尤对神职人员而言);⑥ 骑马装(尤指妇女所穿的);⑦ 可当为动词用,意者穿上……衣服;⑧ 古代其义同于居住,拉丁语有如此用法。

1.2 李得与希尔德的习惯观点

上述乃是从两部在英语社会享有盛名的权威字典看西方人士对于习惯的看法。在 19 世纪时,有位诗人李得(Reade,1814—1884),从习惯的观点对人生做了如下非常透彻的描述。他写道:

播下你的良好行动,你就收得良好习惯,

播下你的良好习惯,你就收得良好的性格,

播下你的良好性格,你就能收得良好的命运。

从他的描述中,可以看出他的如下看法:① 如何培养习惯;② 习惯与性格的关系;③ 性格和命运的关系;④ 习惯和命运的关系;⑤ 我们可以培养我们自己的习惯,习惯是由勤奋的播种行动开始的。在此,李得要告诉我们,习惯和人生幸福(好命)可能息息相关。

和李得类似的观点也可见于希尔德(Hilty)对习惯的论述。希尔德是 90 年前的瑞士法律权威,在欧洲各国广被尊称为"瑞士的智者";在良好习惯能带来人生幸福的讨论里,希尔德不但细说十四则好习惯为什么会带来人生的幸福,也郑重地提醒读者,习惯的培养绝对不是一蹴而就的,他建议读者若要培养某一习惯就必须拿出耐心与恒心,孜孜以求,不断地经营才可大功告成。希尔德先生进一步指出:良好习惯的培养工作和不良好习惯的扫除工作确实困难重重,但并不是全然无望。一则习惯的培养成功要靠专心一意,不做无聊事,也要靠决心、毅力与耐心。在他那一篇论文中,希尔德最想强调的一点是,任何促成幸福之目标的心理条件必须变为习惯,幸福的甜果才会源源不断地出现在个人的日常生活里,不然只是停于可能的朦胧世界里。

2. 近代西方心理学者对于习惯概念的研究

2.1　詹姆士对习惯的研究

哲学家兼心理学家的詹姆士(James,1842—1910)在 1890 年发表了闻名的《心理学原理》(James,1890)。在该书第十章,专门讨论习惯,篇幅之大有二十多页。詹姆士是美国哈佛大学医学院毕业生,所以在该章的章首就从神经学观点说明习惯如何产生的。他说,神经中枢有利于形成习惯的倾向;心理学的习惯若以神经学的字眼来说,就是大脑中构成的一条发泄途径。当这条发泄途径构成以后,某种神经流或行动就继续从那一条途径流出去。身为哲学家的詹姆士对习惯概念的定义采取了极为拘谨的态度。他说,我们要为习惯下定义时,必须把它的根挖的深一点,最好挖到物质的基本性质那一层来。挖到这一层的时候,我们会发现,所谓的"自然规律"其实就是各种较单纯的物质彼此互相应对时所遵守的不随意更改的习惯。

从詹姆士所说的上一段话我们可以进一步了解他对习惯的更详细看法:① 习惯与神经系统有密不可分的关系;② 习惯和感觉刺激所引发的感觉神经行动有关,有了感觉神经行动之后,神经系统中才能留下不容易消失的神经痕迹,而这种痕迹就是直接和习惯有关的神经组织。据詹姆士书上所写,习惯可分为简单和复杂的两类;在他心目中,一则简单的习惯等于一个反射作用,或"反射的发泄",而在神经行动的进入与出去之间只存一处深浅不一的痕迹罢了。对于复杂习惯,詹姆士则采取"加进或累积"的观点;他写道:"连最复杂的习惯也只不过是神经中枢里相连接的神经行动的连续性触发而已,之所以能有如此连续性的触发,是因为在神经中枢早有成系列的反射途径形成,而能一环接着一环自相激醒,连续而下。换句话说,复杂的习惯在神经行动的进入与出去之间有不止一处深浅不一的神经痕迹,而且前面的出口紧接着下一个进口,所以从第一个进口进去的神经行动要从最后一个出口出来之前,必须通过许多进口和出口,而这些进口和出口已经被先前流过去的神经行动扫除了全部障碍,变得畅通无阻。"

第一,习惯大多是成串的动作。因为詹姆士重视习惯,所以他为了说明习惯给人类生活带来的种种方便而用了相当大的篇幅;首先他说,一种习惯一旦建立了,个人则可节省一笔庞大的精力,因此可减少疲劳。透过习惯的养成,人类或个人可以做许多刚生下来时一点也不合作的动作或反应,而且能把它们做得巧熟完善。

第二,意志是培养习惯的重要原则。詹姆士在讨论中,建议了第三个培养道德习惯的重要原则;亦即抓住机会把应该做的行为做出来;易言之,只要有机会就多做该做的,且切莫放过。

范克和华格若尔斯二人在他们编著的《大学用标准英文字典》里,对于习惯所下的定义如下:一则行为,它因为被重复太多次,以至于成为性格中的一个固定部分,且运作自如,甚至于不在意识或意志控制下也能自动地表现出来。由范克和华格若尔斯二人所作的上述定义,我们可以看出,他们二人对于习惯的看法是:① 属于心理层面;② 习惯是经由多次重复而形成;③ 习惯的出现方式是自动化的;④ 在此定义里仅看出反应或行为的部分,而看不出刺激的部分;⑤ 习惯似乎仅与行为有关,而是否与其他反应,例如情绪、思考也有关则并未提及。

2.2 华森的行为主义理论

华森(Watson)将全部人类反应分为四大类,而其中两类都属于习惯。他说人类反应的种类浩瀚无边,令人觉得根本无法加以分类;然而,若勉强试加以分类,可将之分为四大类,其一是外在的习惯反应(explicit habit responses),其二是内隐的习惯反应(implicit habit responses),其三是外在遗传性反应(explicit hereditary responses),而其四是内隐遗传性反应(implicit hereditary responses)。由华森的分类方法可知,他把人类反应以两个向度加以分类,分为四大类;向度之一是遗传或学来的,向度之二是可观察或不能观察到的(Watson,1919)。

在第一类的外在习惯里,华森举出如下习惯性反应,即锁门或开门习惯、打网球习惯、弹琴习惯、造屋习惯、聊天习惯、良好的同性或异性的人际习惯;在第二类的内在习惯一章中,华森则放进了思考,亦即听不到的说话,一般的身体语言习惯,躯体上的一组一组的很隐蔽的,只有靠仪器才能发现的反应或态度等。由华森的反应分类,我们能很清楚地看出,在他心目中,习惯是研究人类心理现象时不可或缺的关键概念。华森对于习惯所下的定义是,任何相当定型的行动方式,不管它是外在的或内隐的反应,而且又非属于遗传性反应,应该都可视为习惯。习惯是学来的,不是与生俱来的。

詹姆士是美国心理学之父,而华森是世界行为主义之创始人,詹姆士执教于哈佛大学,而华森执教于美国霍布金斯大学。早期的美国心理学家对"习惯"的心理学意义颇为重视与强调,所以华森也与詹姆士一样,在著作中大量讨论习惯。1919年,在讨论到对于习惯培养难易程度具有影响力的各种因素时,华森提出几项暂时性结论,它们的详细内容如下:

(1)在某一范围内,练习的频数愈少,每次练习所得的效果愈大;

(2)同一时间内要形成的习惯总数愈少,每一习惯的形成或养成愈容易;

(3)年纪轻的人比年纪大的人更容易培养新习惯。

(4)整体学习方法所得的学习效果优于分开学习法所得的学习效果。

(5)习惯学习的诱因愈大,而且诱因的承诺愈持久,则习惯的培养成功所需的时间愈少。

所以华森在《一个行为主义者心目中的心理学》的倒数第二页说出他

的看法,若想经由改变环境来改变患者的习惯系统,我们必须知道患者的环境包括外在环境和内在环境;但内在环境中的重要因素,亦即语言习惯是不易改变的,若仅改变外在环境而没有改变内在环境中的语言习惯,则患者的旧习惯恐仍然依旧,新习惯很难萌芽,扎根则更不用说了。

2.3 B. F. 斯金纳(B. F. Skinner)的习惯观点

斯金纳是行为学派重要的理论家。虽其与前面提到华森,以及随后将提到的霍尔(Hull)同属行为学派的健将,但其在建立一套行为理论系统时避用习惯一词,而以反射(reflex)取代之。斯金纳认为,反射可以表示出行为的可预测性、一致性,并且是一种用于分析行为的基本单位;它仅用于描述、代表刺激与反应之间的一种关系,除此之外,并没有别的含义。斯金纳进一步表示,反射不是唯一的行为单位,另外还有一种并非刺激所引起的反应。Skinner 称前者为"反应",又称之 S 型反应,是由刺激引发(elicited)的;后者称为"operant",又称 R 型反应,是自动喷发(emitted)的。S 型反应即所谓的 S - R 的反应。R 型反应最好的例子就是斯金纳 Box 中的老鼠压杆的动作,水对于老鼠压杆子的动作产生增强效应,因此老鼠压杆子的动作出现愈来愈频繁,最后习得压杆子来获得水的行为。这种不是被刺激所引发,而是为求某种增强刺激的出现所产生的行为,虽非柯氏所指涉典型的"习惯",但柯氏最后似乎不再坚持刺激一定要先于反应的原则概念,而仅认为"习惯"只要包含刺激、反应,两者稳定或经常性联结存在即可,而接受 R 型反应仍属其所界定的"习惯",因为过程中的"增强刺激"也是一种刺激,尽管它不是最先触发。

2.4 霍尔的习惯概念学说

在心理学界中,对于习惯做了最深的理论性探讨,也给习惯概念最高心理学学术价值的人非霍尔莫属。霍尔的巨著《行为原理》(*principles of behavior*)试图要完成的目标是建立一套可预测有机体在某项工作的作业表现的理论系统。在这一套系统里,霍尔希望能确定在预测上述作业表现时不可或缺的变数,以及变数间的关系。在寻找上述重要变数时,霍尔首先找到的是习惯这个概念。他说,习惯这个概念是一项逻辑性建构(logical construct),或中介变项(intervening variables),或是一种符号(symbol),可用来帮助行为科学家探讨心理现象。他说,解释可观察到的心理现象时,习惯概念的有用性如同物理学家在解释物理现象时,习惯是看不见的神经组织状态;根据它而一个人能在水中游泳的习惯,犹如一个根据它而能在地板上跳舞的习惯一样,是确确实实存在于这个宇宙间的现象。由霍尔的上述说明,我们可知,习惯和孩子一样,是看不见的存在体,又是威力可畏的存在体,同时和孩子一样永远是假设性的存在体。

习惯虽然是假设性存在,但霍尔透过下面一句话,给它存在的场所,及存在的形状;他说,我们的感觉器官(receptor)和反应器官(effector)间的联结关系会经过强化过程(reinfor cement)建立并增强,而这项感受器-反应器联结(receptor-effector connection)就是我们常识所指的习惯。霍尔进一步假定说,习惯形成的过程包括一系列的单独性生理增强累计,而每一次的生理效果增强都来自单独、分开的感觉器-反应器的连接,此连接是和增强的事件相伴在一起的。

3. 我国学者对习惯概念的研究

在汉语里,从辞源上看,习惯最早也写作"习贯",有两种基本的含义。一是指习于旧贯,习于故常。《汉书·贾谊传》中记载孔子曰:"少成若天性,习惯如自然。"二是指长时间养成的不易改变的生活方式。我国的心理学、教育学专著对习惯也有不同的阐释。台湾学者柯永河多年的研究认为,习惯的意义,常常离不开自动化、很自然地、熟练地、不经过思虑地……字眼所要表达的含义。除此之外,此词的意义也紧紧地和学来的、过度学习而得来等词句连在一起。他将习惯重新界定为"刺激与反应间的稳定联结或关系"。从习惯的重新定义中可见,这项定义里含有三大要素：它们是刺激、反应和两者间的稳定关系。根据如此定义，我们在描述一则习惯时，一方面必须提到刺激与反应，另一方面也要提到刺激与反应间关系的稳固度；换句话说，我们不能只提刺激来描述习惯。事实上，对习惯也没有这样的描述方法；同理，我们也不能仅提到反应就以为已经把一则习惯说明清楚了。习惯新定义的第三个条件，亦即刺激与反应间的稳定关系，很少在一般人的语言习惯中受到应有的重视。

林传鼎（1986）在其《心理学词典》中对习惯的定义，实际上是指不需要特殊的练习，由于多次重复而形成的对于实现某种自动化动作的需要。张焕庭（1989）在《教育辞典》中指出，习惯是指与完成某种自动化动作的需要相联系的、并经过练习而获得的动作方式；我国儿童心理学家朱智贤（1989）在其《心理学大词典》中把习惯定义为习惯是人在后天一定情境下自动化地进行某种动作的特殊倾向，习惯形成就是指长期养成的不易改变的行为方式。习惯形成是学习的结果，是条件反射的建立，巩固并臻至自动化的结果。

第2节 "锻炼习惯"的提出及其特征

目前，国内外从不同的角度对体育锻炼习惯的概念进行研究，众说纷纭，莫衷一是。既有从心理学角度，也有从生理学角度，还有从社会学的方面来对体育锻炼习惯进行界定。重复的行为，不仅是自己重要的权利，也是形成习惯的基础，比如经常锻炼对健康的影响。习惯是一种自动化的反应形式，是一个人在稳定的环境中重复一特定的行为。当完成新的或少见的行为时，需要努力的思考和较多意识的关注（Wood，Tam，Guerrero Wit，2005）。经常重复的行为可能在开始和（或）完成过程中具有高效率，即不要过多精神资源意识参与，就可能比较顺利、自然、流畅的完成（Arts & Dijksterhuis，2000）。当行为成为习惯时，在特定环境的控制下,它可能较少地受意识态度和意图的影响。长期以来,人们把习惯等同于行为的频率。大多数有关习惯的文献,都是根据自我报告过去的行为频率来确定的(Ji Song & Wood,2005)。然而,有很好的理由来反对这种习惯概念化(Verplanken & Wood,2006)。首先,高频率的行为并不一定意味着一则强大的习惯。一个运动员可能频繁跑马拉松,但是这也很难称之为一种习惯。习惯可以独立于行为频率。例如,完成用某一特定的文字处理的任务,同时保持行为经常发生的频率,后来发现与自报的习惯测量有所不同。

那么,除了行为重复性以外,什么是锻炼习惯?多数学者参考并增加了一些自动化的行为频率因素(Triandis,1980),还有一些人则强调情境恒定因素。有人可能会因此认为,作为可重复行为的习惯已经获得了自动化程度,并在稳定的情况下执行。巴奇区分了三种自动性的过程,即前意识、后意识和目标依赖(Bargh,1989),而锻炼习惯则属于后一类。虽然习惯具有一定的功能和目标定向(例如,感觉健康),在特定环境下重复这一行为(例如,下班后慢跑)可能会导致在情境线索、行为服务的目标、获得目标而采取的行动之间建立自动的连接。

然而,"自动化"可能包括不同的特质。巴奇建议了低意识、心理效能、难以控制和缺乏有意的意图 4 个自动化特质。从这个角度来看,而不是将其看作一个开启或关闭的过程,其自动化程度可被分解到每一个都有可能被打开或关闭的环节,并因而来描述自动化变量。根据所研究的行为,习惯性的行为可以通过这 4 种元素的水平来描述其特征。把习惯定义为一种自动化的形式,而不是简单的行为频率,从而提供更多的解释价值。值得注意的一个问题是,许多习惯中的一些自动化过程可能服从于对元认知的反思。这些维度通过"自动化"的特征来反应。我们再讨论习惯的测量时,是基于人们能够对这些自动化的特征进行反应的假设,提出一个元认知的工具(Petty,Brinol,Tormala,2007)。

关于另一个习惯概念化问题,在讨论中经常被忽略的问题,就是标准的分析。换句话说,究竟在什么情况下,可以把行为贴上习惯的标签? 例如,一个人每天自觉地、有计划地参加锻炼。即使每天都发生在同一时间内,活动本身也很难被认为是一种自动行为(Maddux,1997)。怎样才能变成自动化呢,又怎样才能被认为是习惯呢? 如跑步决定,当个人第一次决定跑步,她可能会经历一个精心策划和与现存的生活程序相冲突的过程。在这个阶段,决定去跑步很可能是有意识和故意的。一旦跑步得到满意的确定,并且成为生活日程的一部分时,跑步的决定有可能获得成为习惯的特质,多次重复发生,并具有缺乏意识,心理效能,特别难以控制(Sheeran,Aarts,Custers,2005)。

国内学者对体育锻炼习惯的研究也取得了一定的成果。王则珊(1992)认为,体育锻炼习惯是指经过反复练习逐步养成的不需要意志努力和监督的自动化行为模式。吴维铭则认为,所谓体育锻炼习惯是指不断重复练习而形成的固定化的行为方式。杨旭东在《论体育锻炼习惯的研究》一文中指出,体育锻炼习惯就是通过重复或练习而巩固下来能促进身体发展并达到愉悦情感的行为方式(杨旭东,1993)。原国家教委体卫艺司司长李晋裕则从行为学的角度来界定:"体育锻炼习惯是在长期锻炼活动过程中形成的、自觉主动的、情感愉悦的、经常重复的行为,是自身生活中不可缺少的稳定的行为方式。"赖天德则认为,体育锻炼习惯是"后天通过体育实践形成的,自觉主动的、生活化的、稳定的行为倾向(定势)"。而毛振明则强调习惯从无到有的养成过程,即"是人在后天的长期的体育实践中形成的参加体育锻炼的行为定势(趋势)和行为模式(样式)"。

邹肖云认为,终身体育锻炼的习惯,从概念上讲,是人在一生中逐渐形成的不易改变的体育锻炼行为。而从内容上应包括以下几个方面:① 认识体育锻炼的作用和特点;② 懂得体育锻炼的一般规律;③ 掌握体育锻炼的原则和方法;④ 了解自身的特长和弱点;⑤ 具备良好的意志品质和锻炼的自觉性(邹肖云,1994)。姒刚彦认为:"体育锻炼习惯是逐渐养成的,一时不易更改的高度自觉和生活化了的行为取向或社会风尚。"

关北光(1997)认为,锻炼习惯就是人们在后天的健身实践中逐渐形成的,比较稳定的练身行为,即对锻炼的认识、意义、情感、技能等,都十分明确、稳定的心境。颜军(1998)认为,体育锻炼习惯就是人们在健身实践中逐渐形成的,比较稳定的身体锻炼行为。它包括认识身体锻炼的作用和特点,习得身体锻炼的一般规律,掌握身体锻炼的原理和方法,准确地评判自己的体质情况,具备身体锻炼的自觉性等几个方面。即对身体锻炼的认识、情感、技能等,都有比较明确、稳定的心理境地。其具有以下4个心理特征:① 体育锻炼习惯指向的活动性;② 体育锻炼习惯定型的稳固性;③ 体育锻炼习惯形成的后天性;④ 体育锻炼习惯功能的省力性。王红等人(2001)认为,体育锻炼习惯是稳固的条件反射,是多次重复刺激逐渐形成的。王华倬(2002)则认为,体育锻炼习惯是一个人生活中,体育方面的、经常的、稳定的一种行为模式。

有的学者还用社会学的观点来定义。原国家教委体卫艺司司长宋尽贤(2007)从社会学的视角来分析体育锻炼习惯,他认为,体育锻炼习惯有一定的特殊性,不同于一般的习惯,它是社会化程度更高,有明显的身体行为,更为理性的行为模式。陈鸣和余健(2003)研究认为,习惯是指长时间养成的不易改变的生活方式。习惯既可在有目的的反复操作中形成,也可在多次无意识重复中形成。锻炼习惯是指主体健身需要,重复锻炼而巩固形成的积极生活行为方式。需要是锻炼习惯形成的前提,运动技能是锻炼习惯形成的条件,意志活动是锻炼习惯巩固并发展的重要因素。钟振新等(2003)通过研究得出,体育锻炼习惯是指"重复发生或动作巩固而形成需要的体育行为方式,它的生理机制是一定的情境刺激和有关的动作在大脑皮层形成巩固的暂时性神经联系"。由此可见,体育锻炼习惯是个体参与体育锻炼,并在不断重复地把体育意识转化为行动的过程中,逐渐形成的一种需要与行为的倾向。可见,青少年养成良好的体育锻炼习惯,对增进健康、增强体质和提高生活质量都具有十分重要的作用。体育锻炼习惯形成的特征是相互作用、相互促进的,它们是在实践活动中形成和发展起来的。体育锻炼习惯具有后天性、稳定性、指向性和省力性等特征,它们相互影响、相互促进(钟振新,姚蕾,2003)。

解毅飞等人(2004)认为,体育锻炼习惯是指人在后天不断重复身体练习的基础上,逐渐形成的、内在需要的、比较稳固的自动化行为模式。简言之,体育锻炼习惯是后天形成的自动化行为。具有习得性、情境性、省力性、两极性、愉悦性的特征。尹博(2005)认为体育锻炼习惯是在体育锻炼过程中经过反复练习形成,并发展成为个体的一种需要的自动化的行为方式,其具体判别指标为,每个人每周参加体育锻炼 3 次或 3 次以上,每次 30 分钟(或以上)为有体育锻炼习惯,反之则为无体育锻炼习惯。根据这一界定,体育锻炼习惯的主要特征为:① 对所坚持的体育锻炼项目有明确的价值取向;② 对体育锻炼具有鲜明的主动参与意识;③ 有相对固定的锻炼内容和方式;④ 能够经常坚持,保证每周有一定的锻炼时间和锻炼次数;⑤ 能不断地从体育锻炼中接收到良性反馈信息,获得愉快的运动体验;⑥ 体育锻炼逐渐成为日常生活中相对稳定的一种行为方式。邱梅婷等人(2005)研究认为,体育锻炼习惯是人类诸多习惯中的一种。体育锻炼习惯可以概述为人们为了满足生理、心理和社会需要,在内在动因和外界环境交互作用下重复发生的有利于身体健康的躯体运动,是在不断重复身体练习的基础上能持之以恒地经常进行体育锻炼的自动化的行为方式。这种行为是后天形成,在行为发生时无须用意志或外力控制。行为过程给身心带来舒适、愉快和满足感,行为方式巩固且反复发生。因此,体育锻炼习惯具有获得性、自觉性、愉悦性和稳定性的特征。陈丽珠等人(2006)认为,体育锻炼习惯是指人自动参加体育活动,经过不断重复或练习而形成的一时不易改变的高度自觉和生活化了的行为取向;莫连芳(2007)研究认为,根据体育人口的定义和体育锻炼要取得良好效果的条件,判定青少年体育锻炼习惯的标准应符合以下 3 个条件:① 每周参加体育锻炼不低于 3 次;② 每次活动时间不低于 30 分钟,且具有与自身体质和所从事的体育项目相适应的中等或中等以上负荷(心率大于 110

次/分钟）；③ 持续时间为 1 年以上。

大学体育是学生在学校系统进行体育学习的最后阶段，是实现学校体育向终身体育过渡的转折点。科学的体育锻炼习惯会对身体产生良好的作用。众所周知，要取得良好的锻炼效果需要有一定的锻炼频度、运动强度和锻炼时间。不同年龄、性别、身体状况的人群参加体育锻炼的条件不同，取得的效果也不一样。综上所述，锻炼频度、运动负荷（运动负荷＝运动时间×运动强度）、持续锻炼时间，这 3 个方面是保证青少年取得体育锻炼效果的最基本条件，也是习惯形成的前提。所以，体育锻炼习惯主要是发生在运动环境条件下的一种习惯性行为，概念的特征应该主要反映"运动性"和"习惯性"，从形成的原因、产生条件、过程以及效应等每个环节都应该立足于这两个特征。而目前对概念的研究都无法准确而全面地体现体育锻炼习惯的特征，具有其局限性和片面性，用来解释体育锻炼习惯可能会产生以偏概全现象，并易于导致认识、评价和干预决策方面的失误。

第 3 节　体育锻炼习惯测量方法的研究现状

关于习惯的测量方法一直以来备受争议和批评。Armitage（2003）等人研究表明，一般意义上，行为频率、习惯和习惯的影响之间的关系，没有独立的测量，因而无法进行准确的调查。而大部分运用对过去行为的测量来代替习惯的测量，对此既有人支持也有人反对（Verplanken，2006）。但是支持者和反对者都建议，过去的行为并不是测量习惯的一种合适的措施。在过去和未来之间的残余变量将会形成和自动化程序一样的没有固定模式的自觉过程（Ajzen，2002）。然而，最近这种方法论上的局限性通过具体的习惯指标得到改善。例如，习惯强度的自我报告指数包含对过去行为的重复、自动化和一致性（同一性）等因素的测量。从一些过去的行为和支持性的调查结果可以看出,身体活动领域该指数的使用在其预测行为和意向的独立与相互作用方面已经显示出很明显的区分效度。

另一个主要方法一直关注意图的稳定,在预测时间内,意图的增加和衰退可以解释低意图行为的关系,而不是自动化。具体来说,暂时不稳定的意图可能会增加意向行为的错误。人们或者改变意图或没有诠释他们最初的反应,这种解释仍然建议,行为动机变量可以指导行动,但它同时也表明,预测的误差来自对措施的执行。意图的暂时稳定性在调节意图与行为关系方面发生较大的作用,可以说这是意图强度的最佳衡量标准(Courneya,Plotnikoff,Hotz et al.,2000)。目前,还没有研究能够预测和检验习惯行为的意图。Triandis(1980)认为习惯是通过重复进行令人满意的行为而形成的。Ouellette 等人(1998)也认为,以测量过去行为的频率来作为测量习惯强度的措施是比较合理的。这也是社会心理学家通常使用的测量方法。而 Fredricks 等一些研究人员利用观察或客观记录来获取行为频率的估计(Fredricks & Dossett,1983)。大多数情况下,都使用过去行为频率的自我报告,例如,"在过去 2 周内你会锻炼多少次?"然而,Verplanken 等人的研究表明,如果承认习惯是一种心理结构,而不仅仅是过去的行为频率,这些措施似乎显得并不足够。

人们希望直接开发一些能够测量习惯强度的工具(尤其是自动化方面),而不仅仅是对一种行为频率的估计。例如,Ajzen 等人研究认为,人们想检验通过增加特定行为的频率,使之成为习惯的效果,或降低频率,使之失去行为习惯的特征。在这种情况下,习惯强度的前后测是必需的,人们可能更喜欢直接测量习惯的相关特征,而不只是估计频率。除了行为频率以外,如果希望确定习惯的效果,单独对习惯强度的测量也是必要的。最后,Schwarz 还认为,行为频率测量的环境可能存在着不可靠的危险,比如,当很困难的回忆(例如,很难记住在过去一个月内进行过多少次),或对行为本身就是模糊的(例如,分不清锻炼强度)(Schwarz,1999)。

哪些措施可以用来替代习惯测量? Verplanken(1994)等人介绍了一

种习惯的测量措施,是基于这样一种思想,习惯是一种脚本的行为方式。在这种情况下,脚本指代表与众不同的,在特定情况下连接目标和行为的认知结构。Aarts 等人后来所指的这些措施,作为习惯反应——频率的测量,在这种情况下,表现参与者大量的与习惯有关的情况(如锻炼的目的),并要求他们尽快作出反应,来选择行为。该假设是,越是习惯性的反应,相同情况选择越频繁。通过这些反应来测量习惯的强度(Arts & Dijksterhuis, 2000)。

虽然反应频率法对过去行为的频率没有更多的要求,但该方法还是不能得到使用,也不易于操作。反应频率测量的使用只限于在不同情况下执行的选择性行为(例如,跑步还是打球)。这项措施同样需要参与者尽快作出反应,需要有控制的科研环境(例如,研究助理给参与者施加时间压力)。反应频率法需要对每种新的行为进行大量的试点工作,以找到一种适当的情景,形成一套适当的措施。换句话说,虽然反应频率措施已被认为是一个令人满意的替代过去的行为频率措施,但在有些情况下,也有其使用的局限性。

另一种测量习惯的做法是要求参与者直接报告习惯的强度。例如,Towler 等人(1991)研究认为,一些研究人员询问一个人过去时间内在无意识或习惯力量的驱使下从事某一特定行为的次数。这些自我报告的方法有两个严重的问题。

第一,要求参与者同时估计并提供行为的频率和行为习惯的反应程度。在这一方法中行为习惯的频率和强度被混淆。

第二,单项测量假设和潜在的结构(例如,习惯的强度)联系在一起的,众所周知,这是不可靠和不精确的。

然而,尽管目前所使用的自我报告习惯强度的方法有很多问题,认为自我报告法不能测量习惯的强度是不合理的。我们认为,如果测量得当,在很大程度上也能够体现行为习惯的程度。针对那些认为行为频率、习惯和习惯的影响之间的关系,是不可能进行研究的观点,Verplanken 和

Orbell(2003)提出自我报告的习惯指数(SRHI)。SRHI是一个与习惯行为特征紧密相关的,包括12项自我报告的测量工具,即对历史的重复、缺乏意识、难以控制、心理效能,以及自我描述的感觉(Verplanken & Orbell,2003)。这个测量是可靠的,对各种习惯都具有满意的、有判别式的,以及预测效度,包括健康食品的消费、社会闲谈、交通工具的选择、休闲活动,以及心理习惯,如消极的自我思考。有效的SRHI为这些无法使用过去的频率来测量的假设提供了机会,特别是涉及那些行为频率和习惯之间区别的假说。

在对体育锻炼习惯的测量方面,长期以来我国对体育锻炼的标准也未做统一,一般都将体育人口的评定作为是否具有体育锻炼习惯的标准。1997年人民体育出版社出版的《中国社会体育现状调查结果报告》中确定我国体育人口的基本标准是:每周参加体育锻炼不低于3次,每次活动时间30分钟以上,具有与自身体质和所从事的体育项目相适应的中等或中等以上负荷者。也就是说,锻炼习惯的形成的标准为:每周锻炼3次,每次30分钟以上,具有中等以上强度的行为,就可以界定为具有体育锻炼习惯。同时,我国也有部分学者提出对体育锻炼习惯形成的判定。

王则珊(1992)认为,习惯是经过反复练习逐步养成的不需要意志努力和监督的自动化行为模式,因此习惯已成为"自然"行为,即俗话说的"习惯成自然",而且,在生理学上已形成动力定型和生物钟节奏。坚持经常体育锻炼,就会逐渐养成体育锻炼习惯。王红等人(2001)研究认为,学生养成体育锻炼习惯的标准,可根据体育锻炼习惯的特点,参考以下5个方面制定:

(1)基本上做到每天锻炼或每周锻炼5次,每次1小时。这主要依据运动生理学的动力定型理论与科学锻炼应经常的要求,以及周恩来同志曾发出的"学生每天应锻炼一小时"的号召。

(2)体育锻炼成为生活方式的重要内容,因而体育锻炼成为生活中的自然行为(不大需要加强意志的努力)。

（3）如果体育锻炼者改变了生活条件或环境，仍能坚持锻炼或主动改变锻炼内容，显示出很强的适应性。

（4）逐渐形成了一套适合锻炼者需要的科学的健身方案。

（5）获得了体育锻炼者所盼望的锻炼效果，甚至，一个人养成体育锻炼习惯，往往又和他的人生观紧密联系在一起。

在形成体育锻炼习惯的过程中，体育锻炼者若能逐渐做到上述 5 个方面，实际上也可以说就是达到了体育锻炼的经常性、自然性、适应性、科学性和目的性这"五性"（虽说后"两性"并非习惯所固有的，但对体育锻炼习惯的形成与巩固是非常重要的）。我国的 9 年义务教育（有的城市还普及高中、中专与技校），其中一部分学生还上大学，也就是说，我国的青少年与儿童在校接受 9～12 年，甚至更多的正规学校体育教育，按理来说是有可能养成比较稳固的体育锻炼习惯的。

白文飞（2003）认为，习惯是指经过反复练习形成，并发展成为个体需要的自动化的、定型性的行为方式。体育锻炼习惯作为行为习惯中的一种，它是人在长期地、主动地参加体育锻炼实践中逐渐形成的、愉悦情感的、自身生活中不可缺少的稳定的行为定势（趋势）和模式（样式）。该习惯的养成具有习得性、情境性、不稳定性、两极性（良好的和不良的体育锻炼习惯）等特点。良好的体育锻炼习惯，是指在科学、合理的健身原理与方法的指导下，根据自身状况，调整自己的锻炼行为，通过不断练习而巩固下来的能促进身心发展的、稳定的行为定势和模式。它包括：具有良好的体育锻炼意识，认识身体锻炼的作用与特点，懂得身体锻炼的规律，掌握身体锻炼的原理和方法等方面（白文飞，2003）。尹博认为每周参加锻炼 3 次或 3 次以上，每次 30 分钟者为有体育锻炼习惯，反之为无体育锻炼习惯（尹博，2005）。王培菊（2001）认为连续每周参加 1～2 次及以上的锻炼已具有初步体育锻炼习惯，把偶尔参加 1 次或从不参加锻炼者视为没有体育锻炼习惯；姜晓珍（2004）将锻炼频率每周 3 次以上，每次锻炼时间 20 分钟以上，锻炼强度在与自身锻炼状况相适宜的中等或中等以上强度,锻炼时间 10 个月以上的学生定为有体育锻炼习惯的学生,反之为无体育锻炼习惯的学生。

从上述资料可以看出,体育锻炼习惯涉及每次体育锻炼时间、锻炼强度、每周锻炼频度、锻炼持续时间,但是对有无体育锻炼习惯没有十分具体明确的定义。而国家所有的纲要性文件都把培养学生体育锻炼习惯作为重要内容之一,因而,进一步阐述锻炼习惯的定义具有十分重要的现实意义。希望通过本研究,为界定有无体育锻炼习惯的标准提供参考。

一个科学的测量方法至少应满足两方面的条件: ① 工具必须有一个科学合理的理论基础;② 应该有一个含有多个项目的工具。有理论基础的测量工具具有较好的价值,在测量效度上变得更加自信。多个项目的测量可以增加测量的可靠性。同时也是多方面测量的需要,这也是习惯的需要。由于客观生理测评对设备条件要求较高,况且理论和方法尚不成熟,因此目前国内外还没有就有关检测方法和评价标准达成共识,对体育锻炼习惯测量的方法最主要的手段还是依据体育人口的标准,从锻炼频率、锻炼的强度、时间等方面来测量。尽管国际上依据不同理论发展了许多问卷测评工具,但现阶段普遍采用的是 Verplanken 和 Orbell 提出的自我报告的习惯指数量表。该量表是一个与习惯行为特征紧密相关的,包括对历史的重复、意识、行为的控制、心理效能,以及自我描述的感觉等 12 项的自我报告的测量工具。但是自我报告的习惯指数量表 SRHI 是适用于所有行为习惯的,针对体育锻炼习惯而言,因为它具有独特的运动性,所以在编制体育锻炼习惯测量方法方面应该充分考虑运动性的特征,使体育锻炼习惯的评价更为全面和综合化。

第3章 青少年体育锻炼习惯养成的理论及影响因素

第1节 青少年体育锻炼习惯养成的相关理论

目前,关于青少年体育锻炼习惯研究有许多相关理论,主要有驱力理论、自我效能理论、计划行为理论、胜任感动机理论、目标设置理论、自我决定理论、运动承诺理论、人类发展生态学理论、交互作用理论等。

1. 驱力理论

Berkowitz(1969)指出,驱力是指促进个体采取行动的内在刺激,这种刺激来自个体的被剥夺感和与此相伴的机体内某些物质的过剩或缺乏,不管受剥夺的特定性质如何,机体会产生外表的兴奋,如在饥饿时会伴随胃的收缩,由此会推动个体采取行动,直至找到能满足机体内在需要的物质,才会消除剥夺状态。驱力理论是一个早期的动机理论,认为人和动物的行为均是受内部能量源的驱动,是由学习而不是遗传引起的,所以学习处于很重要的地位。从理论中,我们可以看出,驱力可以为满足需要的各种活动提供能量,总是在生理上或心理上与失衡状态相联系;个体追求驱力减小的状态,因为它伴随着个体的愉快感和满足感,而导致个体的学习行为,从而积累经验,在此基础上形成习惯。所以,驱力理论认为,驱力为

行为提供能量,而学习中建立的习惯则决定着行为的方向。Hull 提出

$$E = D \times H$$

式中：E——从事某种行为的努力或执着程度；

     D——驱力；

     H——习惯。

该公式表明,个体进行某项行为的努力程度由产生的内驱力,及其获得的对这一行为的效果体验。研究认为,习惯通过对经验的积累来支配行为。所以说,习惯是一种习得体验,如对过去行为的体验是积极的,个体就会重复地进行;反之,如果过去的行为如果导致不好的结果,人们便会回避这种行为的倾向。

2. 自我效能理论

1977 年,班杜拉提出了自我效能理论,自我效能是指有能力完成任务并达到预期结果的信念。结果期望是指预期的行为成功完成的结果。由四个主要因素影响自我效能,依次为：成功的经验(行为的)、榜样(认知的)、言语劝说(社会的)、情感或生理的唤醒(生理的)。结果期望包括生理的、社会的和自我评价三方面(Bandura,1982)。在身体活动领域中,King(1992)等人认为,身体活动的自我效能是个体有能力从事身体活动的信心,许多研究结果表明自我效能是参与并坚持身体活动的最具有影响力的因素之一。一些研究表明对于身体活动参与行为而言,自我效能的预测效果最明显。具有较强自我效能的人,通常情况下即使在困难的时候,也都有效能信念,有解决问题的信心,从而容易产生积极的情感体验。反之,自我效能弱的人面对困难很容易产生畏难情绪,不易产生积极的情感体验。所以,在某种意义上,自我效能感对于个体对体育锻炼的坚持,以及锻炼习惯的养成具有一定的预测作用。例如,Lewis(2002)等在一项研究中发现,自我效能是预测成年人参与并坚持身体活动的最有力的要

素。自我效能与身体活动有着非常显著的相关性（$F=0.22$，$p<0.01$）。研究表明,自我效能理论在锻炼行为变化的早期阶段(前意向、意向)的作用相对较弱,但是随着行为变化阶段的提高,自我效能的作用也随之提高。所以,对于研究体育锻炼习惯来说,自我效能的研究是一个切入点。根据班杜拉的理论,自我效能除了影响个体对活动的选择之外,还会影响个体在活动过程中的努力程度,以及个体在面临困难、挫折和失败时对活动的坚持性和耐力。

3. 计划行为理论

Fishbein 和 Ajzen(1975)提出的合理行为理论认为,行为意向在行为之前出现,而行为意图受对行为的态度、社会规范或社会压力的影响。Ajzen(1985)在理性行为理论的基础上,增加了知觉行为控制变量,初步提出计划行为理论,计划行为理论是对合理行为理论的修订,即增加一个知觉行为控制的变量,有利于解释自主控制相对较低的行为。1991 年 Ajzen 发表的《计划行为理论》一文,标志着计划行为理论的成熟。计划行为理论中决定行为意向的 3 个变量中,积极的态度、获得别人较多的支持,就具有较强的控制,行为意向也越强,反之则相反;虽然拥有较多的信息,但是能够被获取的也只有少数突显的信念,这些都是行为认知和情感的基础;而个人的智力、经验及其社会文化等因素对其影响作用是间接的,是通过对行为信念的作用来影响行为的(Ajzen,1991);在计划行为理论中,态度是由锻炼信念和锻炼结果的评价或价值决定的,而 Ajzen 把知觉行为控制感定义为知觉到的完成行为的难易程度,那些想参加锻炼却没有或很少有机会的人是很难参加锻炼的,不论对锻炼的态度及所受的社会影响有多大,所以他认为,只有在接近实际控制时,知觉行为控制感对行为的预测才可靠和准确。计划行为理论可以较准确地预测意向和行为,但是忽略了过去行为的影响,所以还需要考虑一些其他影响锻炼习惯的因素,例如情感体验和社会文化等。

4. 胜任感动机理论

Harter 在 1978 年提出了胜任感动机理论,是建立在对自己能力感知的基础之上的。Harter 认为,人们都是在内部激励的驱动下从事某种活动,为了达到成就目标,个体会持续地努力。个体在尝试掌握过程中,感知到成功的体验,从而引起积极的效果。这种胜任感对特定成就领域(如认知的、社会的和身体的)中尝试掌握的初期阶段产生影响,也对行为的发展和延续阶段产生影响。在竞争条件下,高胜任感个体比其他人更可能接收到积极的信息,形成积极的内部动机,并用自己的内部标准去评价成功,最终达到更多的坚持和掌握(Harter,1978)。胜任感受环境和社会评价因素的影响。首先,环境因素(开放的或闭塞的身体活动环境)可以影响个体对任务的胜任感。在 Ninot 等人 2000 年的研究中发现,在 8 个月的篮球运动和游泳运动的开放的环境下练习后,尽管青少年运动员特定的技能和整体的自尊有所增长,但是胜任感都有了明显的下降。而且在篮球运动中,开放环境组比闭塞环境组胜任感更低。其次,社会评价因素,Deener 等人(1995)提出,依随式的社会强化(如表扬)和自我记录(如自我评价)可能有效地增加身体活动的持续性。另外,在预期行为发生后提供给青少年喜欢的奖励,可以提高他们的胜任感,继而为身体活动中的努力、坚持和能力提高提供动力。胜任感动机理论强调实现目标的能力,针对身体锻炼这个特殊的领域,在此过程中,如何去正确的评价胜任能力是至关重要的环节。个体需要具备一定的运动能力(如体能和技能)来从事一定体育运动,继而才有可能体验过程,达成目标。

5. 目标设置理论

随着运动心理学研究的不断发展,目标作为其研究领域的一个重要研究内容,受到人们越来越多的重视,已经形成了比较系统的理论,广泛地运用于锻炼心理学以及体育教学中。季浏等人研究认为,目标是指个人在某一特定时间内的活动所预期达到的结果(季浏,符明秋,1994)。Loeke 和 Latham 提出了目标设置理论,用来解释一个人在不同情境中的行为,向着预定的方向而努力,并以既定的目标为标准,及时调整,最终实现目标。目标设置理论包括:表示目标内容的清晰程度的目标明确度,以及表示目标难易程度的目标难度。两者相互联系,共同作用于结果。人类的活动是有目的的,受意识的引导。个体之所以表现不同,是因为他们为自己设置了不同的成绩目标。目标的设置从以下几个方面影响着个体的绩效水平。一是目标调节着个体的努力程度。个体的努力程度与其所知觉到的目标要求成正比,实现目标越困难,则需要付出的努力越多;二是在不受时间限制的情况下,目标对个体行为的坚持性具有一定的影响。当任务目标清晰时,就会形成明确的成绩标准。实现这个目标时,个体便会停止努力。三是具体的目标使个体预先制定行动计划,并与反馈信息一起,摒弃无效的策略,提出新的、有效的策略(刘微娜,2009)。因此,目标设置理论认为,在个人能力的正常范围内,具体的、有难度的目标有助于提高工作绩效。此外,指定目标、自我设置的目标以及自我效能等也会对成绩造成影响(李燕平,郭德俊,1995)。

在目标难度这一维度上,目标可以分为困难目标、中等难度目标和容易目标。困难目标是指需要克服和经历一定的困难和挫折,需要很大的努力才可能实现的目标;并不是所有的努力都能够实现目标的,具有挑战性和不确定性。而容易目标是轻松就能完成的目标,它不需要克服困难,也不需要花费很大的精力和气力就能够完成。它的特点是没有挑战性。中等难度的目标是具有一定难度,但是在经过一段时间的努力后能够实现的目标,它的特点是具有挑战性和可完成性(贾燕,董新军,2006)。Weinberg 等人的研究结果表明,困难目标对成绩的影响,并不好于尽量做好组。Blame 等人研究发现,困难目标与容易目标,尽量做好组与无目标组相比,未能产生更好的操作成绩,只有中等难度的目标,才能产生最佳表现。季浏等人的研究结果也基本上支持 weinberg 等人的观点,即目标应该是具有一定的难度的,但是难度不应太大,当任务是中等程度困难时,产生最高水平的努力;当任务非常容易或非常困难时,则产生最低水平的努力。Burton 等人(2000)对青少年运动员和奥林匹克选手进行调查时发现,他们偏好设置"中等难度的目标",而不是"非常难的目标"。此外,目标的困难程度也会影响到个体的满意感,困难目标实现的概率较小,很难有满意感,但是一旦实现,则会体验到比容易目标更强的满意感。为了可以平衡目标难度与满意感之间的矛盾,最好设置中等难度的目标(王华,王光荣,2005)。Peter 等(1997)做的预测是:如果个体达到目标,体验到的成功越大,则体验到的满意感程度也越高;反之,如果未达到目标或失败了,则会体验到不满意。这些结论遵循一个规则,即目标是评价成绩的价值标准。当个体实现目标时,不仅可以体验到满意感,还能产生积极的情感,从而促进任务的完成。所以,适中的、具有挑战性的目标比困难或容易目标能促使运动员更努力、更好地完成活动任务。"相当容易的目标不足以引起很大的兴趣和努力;适当困难程度的目标可以维持高的努力和通过该目标成就产生的满足感;但超过个人所能达到的目标会由于产生失望和非效能感而降低动机"(Badura,1990)。

目标定向理论是由 Nicholls 等人(1989)提出的,个体从事某一活动的目标,可以分为任务定向和自我定向。任务定向则更加关注任务本身,倾向选择具有挑战性的任务,并在活动中体验到积极的情感,从而更加具有坚持性。而自我定向更多关注的是与他人的比较,所以,只有获胜才能体验到积极情感,如果失败,积极的情感会下降,这将不利于锻炼的持续。

6. 自我决定理论

20 世纪 80 年代,美国心理学家 Deci 和 Ryan 等人提出了一种关于人类自我决定行为的动机过程理论——自我决定理论。自我决定理论认为,人是积极的生物,每个个体都具有先天性的、内在的、建设性的自我整合的倾向,具有自我实现、自我成长的潜能。但这种潜能能否得到发挥,取决于社会情境与个体的交互作用。因此,自我决定理论的研究重心在人的心理需要、动机、价值、目标追求、幸福感等问题上。自我决定理论则是通过实证和定量研究方法来考察人的需要、动机、价值、自我实现等问题(Ryan,1982)。研究表明,人具有自主、能力和归属等三种基本的心理需要。同时还认为,个体通过与社会情境的交互作用,不断满足这三种基本需要,从而激发个体行为内在的动力,价值观得到内化,最终促进自我的整合,增进个体幸福感,实现个体的潜能(Ryan & Deci,2000)。自我决定理论在运动、健身领域的应用主要体现在对运动参与性动机(participation motivation)的研究。参与动机的不同对锻炼的坚持性和情感的体验也不同。内部动机对锻炼的坚持和积极情感的体验比外部动机要好。自我决定理论被广泛地运用到锻炼的坚持性、锻炼态度以及人格等研究领域。Ryan 等人(2008)研究表明,个性运动兴趣、主观享受、能力以及健身效果都是内部动机的组成部分,而保持优美的体态的动机则构成个体的外部动机,身心健康则成为运动参与的认同调节动机,社会动机体现个体对归属感的需要。

6.1　能力需要

在内部动机理论中,相对产生能力需要可以刺激个体的情感、认知和社会发展,并适应结果,这是提高内部动机的最直接因素。在竞争的环境中,趣味性的公开的学习机制可以更好地适应挑战。在锻炼的演练和环境的开发,社会和身体有效互动过程中,如果自我学习的体验得不到满足,就有可能较少地保证一定的运动技能水平,去适应新的发展,导致他们对身体活动环境形式和要求的错误估计和不适应。在行为与环境的交互作用中,能力可以促进个体适应能力的提高,从而增加对自己所在领域的兴趣倾向。所以,能力动机在促进依恋体验和期望学习活动体验,以及在神经发育中与结构改变联系的过程中起着重要的作用(Greenough,Black & Wallace,1987),使得个体的能力在群体中发挥最大化,同时影响着其他成员。所以,努力提高能力是个体实现特殊适应能力的需要,而在环境变化的背景中,也是发展和提高群体灵活机能的一种途径,其中最重要的、最大的能力目标是得到有效的满足。

6.2 关系需要

相对于能力需要而言,人类对关系的需要有他特殊的表达形式,它反映社会有机体的深层次的特征,而不是一个简单的基本行为。当个体感觉到自己活动的群体优势时,就会与群体保持一致,感受联系和关爱。在这种环境下,一个有较高凝聚力的群体比一个较低凝聚力的社会组织,很明显会得到更多的保护(Stevens & Fiske,1995)。另外,关系的需要可以分享这些资源,并保护相互的适应价值,更有效地把群体知识转化给个体,并形成一个凝聚力更强的群体组织。所以,归属的适应优势与群体的适应和生存水平有着一定的相关。从自我决定理论的机体观中,我们可以看到,归属是具有普通意义的组织倾向。个体需要表现最佳功能时,按照自己的社会价值来组织,现实是动力的关键。对于自主和归属深层适应倾向的相互作用,在最佳环境下,是可以补偿,但要是低于最佳环境时,则可能会成为一种对立。

6.3 自主需要

人类自主反应的整合是伴随在自我调节、自我决定和精力的体验中的(Ryan,1993)。自主作为人类一个特定的功能,是与机体观点的存在相一致的,是对原因认知的一种意识,而不是附带现象。当意识被阻碍或禁止时,人们便会对活动进行有效的自我调节,这是因为在健康进程和整合功能中,意识充当着一个重要作用。在自我决定理论中,自主是指自我组织和自我调节,传递着相当的适应优势。Maturana 等人(1992)研究发现,个体的活动越自主,个体越能够在自由的方式中详细地表达个人需要与提供环境的关系,推动关系进程,以及形成关系的层次结构。当个体自主时,根据内、外部环境来进行自我组织活动,很少受到非整合进程或外部压力的促进或激励。换句话说,在环境改变中,产生积极的作用,自主不能被排除在环境因素之外,而必须引起进程、需要和机制之间的一系列的联系。Hodgins 等人(1996)研究表明,自主需要与控制是如何在不同的人际关系中发生作用的。自主需要和个体的满足以及人际关系有着正相关。自我决定理论认为,发展更大的自主性(较高的自我整合)和归属性(自我吸收和整合于社会团体)是人类的本能,这是人类发展的两个重要轨迹,都有能力的要求,并有利于基本心理需要的满足。两者不是相互排斥,而是相互促进、相互发展的关系。Ryan 和 Lynch(1989)研究表明,自主可能与关系和幸福感积极相关。自我决定理论强调人类行为的自我决定程度,将动机按自我决定程度的高低看成是一个连续体,认为社会环境可以通过自主、能力、归属三种基本心理需要的满足来增强人类的内部动机,促进外部动机的内化,保证人类健康成长。自我决定理论虽然具有一定的局限性,但它体现了动机研究的趋向,为众多动机理论的整合提供了基础。

7. 运动承诺理论

运动承诺理论的基本思想是来源于社会心理学和组织心理学中心理承诺的理论构想,这些心理学理论和研究的主要观点就是心理承诺,反映了在一个行为过程中促使行为坚持的因素(陈善平,闫振龙,2007)。心理承诺被认为是描述忠诚度的态度结构组成之一,有助于解释一个人行为的持续过程和人际关系的持续和稳定,可预测实际的行为忠诚度,心理承诺的后果是实际的行为,例如,一种关系的持续、工作流动和体育锻炼退出。心理承诺在多个领域得到了深入的研究,如组织承诺和工作承诺的研究（Park & Kim，2000）。Scanlan 等人（1993）提出了运动承诺模型（the Sport Commitment Model），运动承诺理论是直接关注坚持运动和运动动机的理论。最早是在竞技运动的背景下，以运动员为主要研究对象，对运动员的运动坚持与参与意图的前因具有较好的测量和解释效果。

Scanlan 等人（1993）将运动承诺定义为渴望和决心继续参加体育运动的一种心理状态，并构建了以识别运动承诺的影响因素为目的的理论模型。该理论模型认为，运动承诺由运动乐趣（Sport Enjoyment）、参与选择（Involvement Alternatives）、个人投入（Personal Investments）、社会约束（Social Constraints）、参与机会（Involvement Opportunities）5 个因素决定。运动乐趣的定义为"参与体育运动所体验的积极情感，一般表现为快乐、喜欢和有趣等情绪"；参与选择的定义为"与当前参与的体育运动相比，可以代替的活动的吸引力"；个人投入的定义为"投入到体育运动中且停止体育运动不能得到恢复的个人资源"；社会约束的定义为"一种社会期望和规范，它能产生继续参与体育运动的责任感"；参与机会的定义为"只能通过继续参与才能获得的宝贵机会"。初始假设认为，运动员越快乐地运动，会产生越高的运动承诺；替代活动吸引力越大，运动承诺越小；运动员在体育运动中投入越多，会促进越高的运动承诺；社会约束产生的压力使运动员保持在体育运动中；运动员感觉到体育运动参与提供的机会越多越重要，会产生越高的运动承诺。

对于运动承诺模型，国内外学者针对特定的对象和情境对其进行了实证研究。殷恒婵和周之华（1999）用这一模型研究了北京青少年足球运动员的运动倾向性，认为运动倾向性 5 因素模型比较符合北京青少年足球运动员，其中运动乐趣、个人参与、参与机会是主要的影响因素，社会约束几乎没有作用（殷恒婵，周之华，1999）。国外学者 Konstantions 和 Alexandris（2002）在健身俱乐部的情景下对模型进行了检验。结果发现在健身俱乐部的情景下，该模型是有效的（CFI＝0.957），对于预测运动承诺，所有的因素都是显著的。但是对于运动承诺理论而言,对社会环境因素关注不够,这也该理论的缺陷所在(Konstantions & Alexandris, 2002)。Guillet 等(2002)在研究女子手球运动员退出现象时,组合了运动承诺理论和社会交换理论,用成本、效益分析原理来分析运动经历,预测锻炼乐趣。在这个研究中,成本、效益分析只考虑了认知到的利益(perceived benefits),这些作为认知到的好处的前因变量有能力、自治、发展、关系、教练支持和运动时间,这一研究对运动乐趣有了更全面的理解。

Wilson Philip 等(2004)用这一模型作为指导概念框架探索了运动承诺模型在锻炼领域的应用,并检验了承诺和锻炼行为频率的关系。因子分析表明:运动承诺的 5 个前因在锻炼领域也是有效的,并认为锻炼承诺存在两个维度“自愿的”(want to)和“必须的”(have to);结构方程分析5 个前因变量能预测承诺两个维度 31％和 51％的变异,对于锻炼频率只能预测 12％的变异;乐趣和个人投入可以预测承诺的两个维度,而参与选择和社会约束只能预测必须的承诺(have to);自愿的承诺(want to)是锻炼行为的唯一预测因子(Wilson, Rodgers & Wendy, 2004)。

通过对运动承诺理论的文献回顾,在锻炼习惯的研究中,同样可以借鉴运动承诺的理论构想和探索运动承诺决定因素的研究思路,对研究锻炼习惯也应该是较合理的研究思路。由于该理论以心理模型为主,对个人因素、环境因素、生理因素以及行为干预手段考虑不够,所以在研究锻炼习惯时,应该尽可能地综合考虑各方面的重要因素,使研究更加合理、科学。

8. 人类发展生态学理论

在人类社会中,任何一个个体,从本质上说,一生下来就既是一个生物的人,又是一个社会的人。人从来都不是单纯、孤立地存在着,而是被包围在各种社会和关系中,与多方面发生联系,在与周围的人和环境的相互作用中存在和发展。特别是在信息化、多元化、开放化的现代社会,一个人的成长与发展不仅要考虑他的个体特点,同时还要关注他所生存的环境因素带来的直接或间接效应。"人类发展生态学"为我们分析和研究青少年发展提供了一个崭新的视角。

"生态心理学"属于"人类发展生态学"的基本范畴,它的提出可以追溯到 20 世纪 90 年代,西方一些秉承深层生态学思想的学者开始把生态学和心理学相结合来思考人与自然的关系问题,探究保护生态环境的心理根源,并试图从这里找到一条转变人们观念的途径,由此产生了生态心理学。在 1909 年,咨询心理学家弗兰克·帕森斯(Frank Parsons)提出,满意度是通过对个体及环境两者的了解而获得的。也有学者认为人是作为环境的函数,环境也是作为人的函数,心理学研究的单位应该是个体,即作为与环境互动而产生行为的个体。换句话说,行为是人与环境互动的函数:B=f(P, E)。虽然生态模式有着较长的历史渊源,但是直到 20 世纪 30 年代,生态心理学才作为一门独立的学科出现,这主要归功于 Kurt Lewin 的工作及随后 Roger Barker 与他的同事。通过这些理论,关于生态心理学的最初假设就出现了,即认为行为是个体与环境的函数,研究的单位是自然环境。

20 世纪 30 年代,格式塔学派的心理学家考夫卡(Koffka)又进一步描述了交互作用模式中的环境成分,认为心理环境是个体所处的物理环境(如所有在一个班级中的个体都是处在一个相同的地理环境之中)与个体(如个体是如何知觉物理环境)交互作用的结果。根据考夫卡的理论,理解个体的行为不能孤立地考察个体或者环境,而应该同时考虑两者。

理论家们从不同的角度提出了生态问题。奥尔波特(Allport)指出,人格差异主要存在于事实与知觉到的环境之间的内部或外部的问题,或者是生态与心理之间的区别。不同的理论家与研究者都根据个体或群体探索模式来规定他们的定义与结构,即研究的单位是个体或群体。总的来说,对人与环境关系的问题可以从 4 个维度来考虑:知觉到的环境、实际的环境、个体及群体。

勒温(Lewin)对环境的心理特性更感兴趣。他在 1935 年提出,行为是整个环境的函数,包括个体与环境之间的相互依赖,这样个体能够产生对环境、自身及他们行为的主观观察。勒温将这种心理环境定义为生活空间,即个体及影响行为的主观环境的所有方面。虽然勒温也认为非心理环境也影响个体的行为,但他主要集中探讨了心理环境,特别是他强调了个体行为的环境是他们对客观环境的主观经验,而这种经验能促进各种行为模式的产生及引起个体与环境之间的互动,换言之,行为的改变是基于个体对环境的知觉。虽然他们从不同角度来解释,但各自都对理解环境如何决定个体适应提供了一个视角。具体地说,当个体适应或调整他们行为时,他们总是力图顺应其所处环境。在这样的情况下,理解个体与环境之间的关系,在于了解个体如何受环境改变的影响(如规则的改变),以及环境如何受个体改变的影响(如知觉的改变)。因此,个体与他们环境间的相互作用是一种连续过程,在这个过程中,个体力图寻求维持与他们所处环境系统及子系统之间的稳定。

当代心理学,整合了先前提到的生态心理学的 4 个维度。相关研究者如 Kelly 与他的同事 Moos 是以心理学术语来描述社会环境的,他们考虑了勒温所强调的个体对环境主观知觉的思想内容。他们是将群体知觉作为研究单元。以布朗芬布伦纳(Urie Bronfenbrenner)为代表的生态系统论研究者,其观点主要反映了社会生态及人与情境交互作用的模式。这也是本研究的主要理论依据。1979 年,著名的人类学家、生态心理学家布朗芬布伦纳出版了《人类发展生态学》一书,详细介绍了研究人类发展涉及的关键性的环境——家庭、学校、教育机构等相关内容,并对它们之间的关系进行了深入分析。引起了心理和教育研究者们的极大关注。所谓人类发展生态学,就是对人与人直接或间接的生活环境之间相互作用和适应的情况进行研究的学说。具体说,它研究环境与人类行为的相互作用,指人们的正常或异常心理和行为的发展变化,抑或研究作为构成生命空间的自然和社会环境变量与个人敏感性之间的相互作用情况。人与环境这两者之间相互适应的过程,受环境之间相互作用的影响,同时也受其所处的大环境的制约。研究它的目的是挖掘出对人的发展造成潜在影响的环境因素,并在相互作用过程中把握这些因素,寻找出它们运动、变化、发展的规律,同时运用这些规律促进人的发展。在对人与环境问题的理解上,理应是两种力交互作用所引发的发展中的效应与变化。因此,作为科学研究者,要关心的并不是简单意义上的结果,而是产生这一结果的过程。根据布朗芬布伦纳的解释:① 发展个体不是被其所处的环境随意涂抹的,而是一个不断成长并时刻对环境产生印象的动态生命;② 人与环境之间是双向的、互动的,对人的行为与发展进行研究,必须将研究对象放置于赖以生存的相互关系、相互影响的相对稳定的生态环境中进行。他把人的发展看作是与一个庞大的生态体系相互作用的结果。这个体系的中心是人(儿童或任何人),是具有主观能动性的、自然成长的个体。人的环境的每一个方面都是一个系统,这些系统都明显而又有规则地相互联系着,影响着人的发展进程。布朗芬布伦纳(1979)提出人—过程—情境—时间模式对理解人与环境之间的关系提供了一个必要的理论构架。在布朗芬布伦纳的生态理论模型中,他强调研究"环境中发展"或者说"发展生态学"的重要意义。在这里"生态"就是指个体正在经历着的,或者与个体有着直接或间接联系的环境。布朗芬布伦纳认为儿童发展的生态环境由若干相互嵌套在一起的系统组成,这些系统从微环境到中环境到大环境,与儿童发生直接或间接的联系。与人有着直接交互关系的环境(包括自然空间和用具、人的活动、人在活动中所承担的角色以及人与人之间的关系),称为小环境(microsystem)。例如儿童的家庭、学校、邻里、班级等环境,是儿童直接生活在其中,与儿童生活和发展联系最密切,作用最大的环境。这些与人直接作用的环境与人的发展的科学相关性不仅在于其客观存在的特性,而且在于人是否能够知觉这些特性。

与人直接作用的小环境之间也是相互联系的,这些小环境之间的相互联系和作用构成了中环境(mesosystem),也称为"第三者效应"。它不具体指称某一具体环境系统，而是两种小环境的相互作用，它是对儿童发展产生综合效应的渠道。例如，家庭与幼儿园，是儿童发展环境中最重要的中环境。当发展着的个体进入一个新的环境时，中环境就形成或得到扩展。婴儿的小环境相对单一，但当走出家庭进入托儿所或幼儿园时，其环境中出现了新的联系：家庭—托儿所（幼儿园）。中环境可能以各种形式存在：与儿童直接作用的两个小环境中的人（非儿童本身）之间的相互作用；小环境之间正式与非正式的相互交往；一个环境对另一个环境的了解程度、态度和已有的知识等。中环境能为儿童的发展提供有力的支持，但同时也能为阻碍儿童的健康成长。另一个层次的环境是外环境（exosystem），指儿童不直接参与其中，它们也不与儿童发生直接作用但又有可能通过种种渠道间接影响儿童发展的环境。例如父母的工作单位、教师的家庭、家庭的亲戚和朋友圈、幼儿园（或学校）的领导机构等。这些都是父母或教师的小环境，但由于父母、教师和孩子经常接触，这些成人的小环境会不同程度地对孩子的小环境内发生的事件产生影响，构成了影响儿童发展的外部系统。

以上所述儿童所处的三个环境系统均存在于一定的社会文化或亚文化之中，社会文化构成大环境（macrosystem）。父母的社会阶层、家庭的社会经济地位、宗教信仰、习俗等形成具有相对一致性的社会意识形态，对前三个环境系统具有决定作用，构成了影响儿童发展的大环境。在一定的文化环境之下，所有层次的环境系统都具有相对一致的特征，即都存在于一定的大环境之中（见图3-1）。

布朗芬布伦纳认为人类的发展是在一个层层叠叠、相互联系的生态系统中发生的。涉及的关键性环境有家庭、学校、教育机构等相关内容，人与环境的相互适应过程，受环境之间相互作用的制约，寻找并挖掘影响人类发展造成影响的潜在因素的运动、变化与发展规律，运用这些规律促进人的全面发展。另外，儿童发展的生态环境由包括微环境—中环境—大环境在内的系统组成，这些系统相互渗透，你中有我，我中有你，共同对

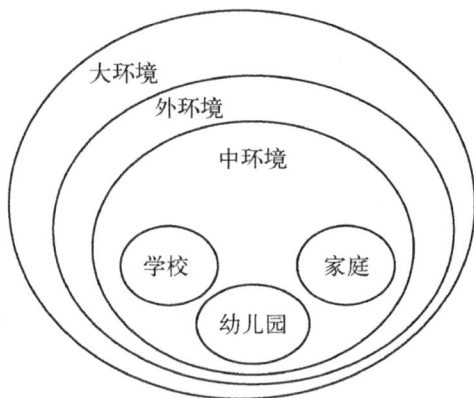

图 3-1　布朗芬布伦纳的人类发展生态学模型

儿童的发展发生直接或间接的作用。小环境包括家庭、学校等与儿童发展发生最密切的直接联系(Bronfenbrenner,1989)。

综上所述,儿童是在与周围人的相互作用中不断发展的,其发展在很大程度上取决于他(她)直接或间接交往的一切人及其相互之间的关系。这些因素(人及其关系)组成了一个个系统,这些系统相互联系,相互影响,从而构成了影响儿童发展的一个完整的生态系统,其中既有近距离的直接影响儿童发展的因素,又包括远距离的间接的影响因素。与青少年直接或间接相互联系、相互作用的因素及他们之间既有直接影响因素,也有间接因素的联系,进而构成一个完整的影响青少年发展的生态系统,在一定意义上共同决定着青少年的发展。布朗芬布伦纳的系统生态学理论告诉我们,儿童的教育问题是一个相互联系系统,儿童的发展都是植根于其特定的环境中,并发挥其应有的作用,所以,我们要把儿童的发展放在一个复杂的系统中去考虑,既要思考某一因素或某一环境的影响,也要考虑系统中的显性环境与潜在环境、直接因素与间接因素以及各个因素或多个环境及其交互作用对儿童发展的影响,不存在独立存在且没有联系的个体。总之,系统生态学模型为我们研究青少年体育锻炼习惯提供了理论指导,为系统构建学校—家庭—社会一体化整体结构提供了方向。

9. 交互作用理论

由艾普斯坦提出的交互作用理论(transactional theory),将社会、教育和心理学的观点整合起来,从社会组织的角度为包括家庭、学校和社区三个主要因素对青少年成长影响的相关研究提供了理论基础。她认为只有每个系统中的每一个因素,彼此相互协作,相互支持,共同作用于青少年发展,青少年才能在最大限度上成为获益者,实现青少年的不断成功(Epstein,2001)。交互作用理论,将社会、教育和心理学的观点整合起来,从社会组织的角度为有关学校和家庭对个体发展影响的研究提供了理论依据。她的理论模型已扩展到包括家庭、学校和社区三个主要影响学生发展的系统。她认为学生学业成功这一目标,是各组织中每个人所共同关心的,并且要通过彼此的合作和支持才可能最大限度地实现。为了表示家庭和学校这两个系统在学生教育中共同承担的权利和义务,艾普斯坦进一步提出用"合作"的概念代替"参与",即家庭和学校在合作关系中是平等的,强调两者之间共同的作用和家庭结构潜在影响的重要性。艾普斯坦(2001)提出了一个包容性的家庭社区合作模型,包括家庭—学校—社会组成的外部环境和家庭—学校—社会成员相互作用的内部因素。其中外部因素的三个因素可受其自身价值观、经历、实践以及儿童的年龄、年级等因素的相互吸引或排斥,这些因素将影响家庭、学校和社区之间共同活动的数量和质量。内部因素可以通过后天获得并作为社会资本储存。在儿童的成长过程中,三个因素既有分工又有协作,在此过程中,通过不断地积累经验,家庭、学校、社会形成合力,使青少年得到充分的发展(见图 3-2)。

该模型外部结构三个组织交互作用的程度主要受三种力的影响,分别为时间、家庭经历和学校经历。力量 A 代表学生家庭和学校的发展时

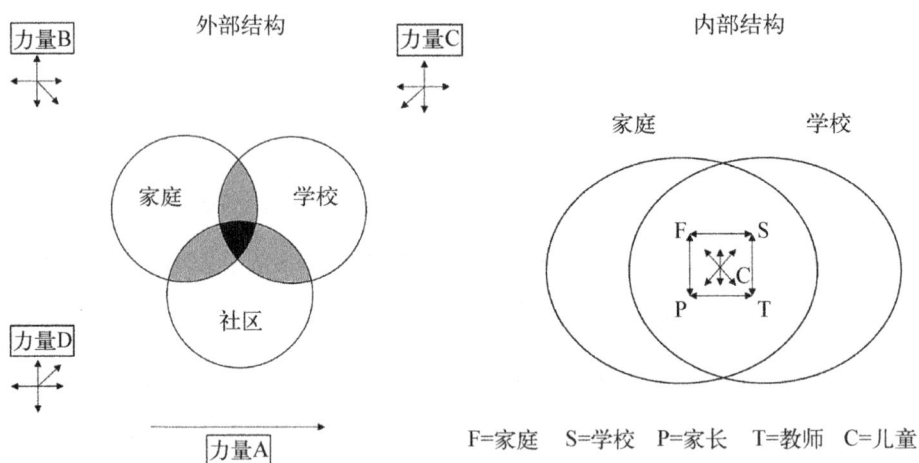

图3－2　家庭、学校和社区的交互作用模型内部结构

间和历史。这里所谓的时间,既指个体的时间,又指历史的时间,它包括学生的年龄或年级及学生在校时期的社会历史条件。力量 B 和力量 C 分别代表了家庭和学校的经历、价值体系及实践活动。这些力通过推力使各组织聚集或通过拉力使其分离,从而表现出家庭和学校的相互作用,相互关系及其持续影响造成的或多或少的交互作用模式。当家长对参与学生的学业有兴趣或兴趣增加(力量 B)时,就会使家庭和学校之间的交互作用比一般的期望水平更高。同样,当教师把家长视为他们教学实践工作的一部分时(力量 C),也将会引发家庭和学校之间比一般水平更高的交互作用模式。当家庭和学校发展成为真正的伙伴关系时,两组织交互作用的程度达到最高。家庭和学校这一动态的关系模式将会通过不断地调整,形成家庭和学校两组织重叠或分离的状况。另外,家庭、学校和社区三个组织还受力量 D(社会价值体系及社会经历)的影响。模型的内部结构包括组织间和组织内的两种交互作用模式。在组织间,所有家庭成员和学校员工以及学校计划之间相互作用,比如家长和教师就个别儿童、青少年的问题进行沟通交流。在组织内,家庭中的家长、子女和其他亲戚进行日常生活和人际交往;学校中的校长、教师和其他学校成员推行学校

政策或进行学校及教师个人的活动都属于这一范畴。但是,家庭和学校以及家长和教师相互影响又彼此独立。该模型的外部结构和内部结构是密切联系的。内部组织和个人的关系既受学生年龄、年级和特定历史时期的影响,又受家长和教师活动、经历及决策的影响。

而家庭和学校的交互作用、它们各自的目标和实践活动,又影响着家庭和学校成员交流的方式,以及相互作用的社会距离和心理距离。儿童、青少年在所有的相互作用和影响模式中始终处于中心位置。如果说,假定家长和教师相互作用的原因是为了儿童、青少年的幸福和利益,那么,对于他们来说,家庭和学校的制度、家长和教师的关系以及学生对这些关系的理解和反映都将影响其学习和社会性的发展。模型中多方向箭头表明,青少年儿童、家庭及其特定的模式,与所受学校行为影响而改变的家庭和家长行为相关;同时,他们还与学校、教师以及家庭行为所改变的学校和教师的实际活动相关。

艾普斯坦扩展了布朗芬布伦纳的理论,解释了不同的学校成员和家庭组织之间相互作用的不同水平。她的模型承认家庭、学校及社会制度和个体之间,以及组织和个人之间历史的因果连续性。通过不断发生在家庭和学校之间的变化,家长、学生和教师不断积累的知识和经验,不同模式对学生动机、态度和成绩的影响,形成了一个整合的关于家庭与学校关系的理论。

第 2 节　青少年体育锻炼习惯形成的多元因素

基于对现有文献的梳理和分析,研究认为锻炼习惯是自动化认知过程的结果。体育锻炼习惯形成的过程包括一些体育锻炼、健身和健康、社会人口、生物和遗传因素的概念,围绕这些概念重点对运动行为,特别是主要心理因素的原因、习惯形成的方式、运动体验的情感和决定参加锻炼并形成锻炼习惯等进行研究(Bouchard, Shepherd & Stephens et al. 1999)。个人锻炼决定的产生受周围社会环境和物质环境的影响。因此,这种环境可能在决策的各个阶段对运动行为施加影响。例如,学校和媒体中有说服力的内容,以及来自朋友的锻炼体验等社会压力,这些都可以提高个人近期参加锻炼的动机。同时,观察重要人物的行为也可能会影响一个人的行为决定,会因此去模仿它(这个过程称为替代性学习)(Bandura,1977)。此外,目前的环境很可能影响个人锻炼习惯的表现。在特定的时间,个人感到有锻炼的需要时,就会考虑锻炼是否具有可取性,而在社会规范和控制下,形成一个可选择的意图。如果个人以前有很少或没有行为的经验,则没有足够的信息可以选择,人们可以寻求更多的信息来进一步验证其他人的看法(例如,通过查阅书籍和杂志,简单地咨询其他有经验的人)。一旦锻炼的目标被确定,刻意形成的意向将会在实际操作中得到实施,这就是精心决策的过程,也意味着优化选择的质量(或主观工具)。尽管如此,在选择行动过程中,人们可以发现,事情并不像所预料的那样愉快。例如,一个人可能选择骑自行车并最终湿透衣服,躺在一个很冷的床上睡着了。或者,选择参加有组织的健身计划,在学习一些课程时遇到不愉快或困难,甚至可能引起严重的伤害。这些不满意的具体体验直接反馈到该选择行动过程的观念,这样便需要通过调整自己的态度或对行为的认知控制。正如归因理论描述的那样,体验是如何改变认知控制。而下一次尝试任何运动将不得不从头开始,但那时则是有别于开始时的最新观点(Weiner,1986)。

如果体验到令人满意的锻炼经验,动作将会重复,趋势将得到加强。满意的经验最初可能鼓励一个人的态度或对行为控制的感受,以及实现之前所提出的目标(例如,下班后跑步的体验很好,所以我喜欢下班后跑步,我能够做到坚持)。换句话说,所有这些良好的学习结果将强化下一次在面临着同样的情况下对同样动作的选择,重复的机会是非常大的。

也就是说,该行为再次发生是偶然的不可预知的,只要是在类似的情况下,而不是不同的情况。例如,天气状况可能影响人们选择户外运动。因此,个人可能首先要学习(或认识)是否以及何时可以安全地从事同样的行为,以满足一定的需求。

虽然,随着实践的增加,通过对过去行为经验的回忆,沉思决策过程可能逐渐转变得更具启发性。然而,随着时间的推移,认知捷径将得到开发,这是基本的,因为要在得到和付出之间进行权衡,一旦结果被储存,行为控制的观点就不必去考虑,并随时从内存中检索(Fazio,1990)。此外,当相同的行为被多次执行的时候,某些事件,便会伴随着重复而发生,这些事件可能被合并或编成一个简单的抽取式的事件(Anderson,1982)。一旦情境线索被诱发,这个良好的学习脚本便可以在特定的情景下,引导注意和行为决定。因此,有必要进行规划,检查其优缺点。启发式过程的核心功能是关注从已获得的记忆和先前做出的选择流程中取回记忆的结论。

在常规化意义上,真正习惯的形成,行动过程的自动化和随后的执行,只发生在同一行为被重复并伴随着满意的结果的情况下。在下次同样情况下,如果障碍并不能阻止行为的经常发生,则增加做出锻炼决定的概率。因此,从某种意义上说,习惯是形成了。当然,更多的积极经验与运动选择的类型将进一步增强习惯的强度,从而有助于个体进一步自动化,选择并执行相同的行为。通过行为之前的情境线索(在社会和物质环境方面刺激),刺激行为发生所需要的所有记忆中的行动目标。

总之,从目前关于身体锻炼模型的文献来看,开始锻炼在很大程度上取决于做出深思熟虑的决定(态度、经验丰富的社会压力、知觉行为控制)。随着不断的重复和更多的练习,锻炼潜在的决策过程逐渐转变为外在的——启发式自动的过程。最后,形成习惯,不再需要进行理性的考虑。对于习惯发展的障碍而言,在习惯形成和发展中存在着许多障碍。

第一,人们不知道哪些类型的锻炼行为可以促进身体健康,或长期久坐的生活方式将对健康产生负面影响。因此,个人就没有动力去启动任何类型的提高健康的运动行为。

第二,尽管拥有健康信念,但是从来没有决定去尝试某种活动,因为看上去不值得。这表明,开始运动行为并不能只是依靠运动与健康关系的知识。

第三,在尝试行为和明白行为的结果或困难之后,人可能会选择退出行动。一方面,这可能是由于所选类型的运动不能立刻取得预期的效果,基本上因为他们都是长期可见(许多相关的健康行为问题)。同样,执行行为的人也可能会遇到意想不到的消极后果。另一方面,个人可能已设立难以实现的个人目标。例如,对未受过训练的人来说,慢跑超过 5 公里的距离可能比骑自行车 10 公里还要困难(这两种类型的任务在 30 分钟内完成)。因此,应鼓励个人选择能够产生即时令人满意的经验的运动行为,并在他们个人能力范围内是可以完成的。换言之,为了发展运动习惯,关注近端结果和目标比关注远端的效果要好。

第四,在下次任何时间内完成同样行为的可能性,在反复运动行为链中构成了一个重要的链接和习惯的发展。例如,时间制约和设施缺乏是人们不能坚持锻炼计划的主要原因(Dishrnan,1982)。因此,对行为的控制(内部和外部)程度在习惯形成和生活中发挥重要的作用(Prochaska,1994)。这表明,相对简单的运动行为(如散步、骑自行车)比那些复杂的行为(例如参加有组织的健身计划)可能更容易形成习惯,因为后者行为更多地受到客观设施条件的限制,可能需要更有意的努力和规划。此外,活动如散步和骑自行车可以纳入现有的常规化的日常生活中,例如,选择自行车作为交通工具去上班。为了使教育以及对促进健康的体育锻炼习惯的其他干预方案有效,应当强调:① 提供具有清晰健身结果的锻炼行为类型的相关信息;② 具备短期优势,增加即时满意体验的可能性;③ 建议个人选择他们能够成功完成的特定类型的运动行为,设置近端的目标;④ 提供资源和机会,使个人能够在任何需要享受的时候从事特定的运动类型。

所以说,锻炼习惯行为,即对健康有积极影响的身体锻炼。根据目前的对锻炼习惯的文献研究,虽然有些作者认为,身体锻炼行为可能永远不会成为一种惯性(Valois, Desharnais & Godin, 1988),但仔细分析一下习惯的概念使我们更坚信习惯是可以形成的。有人认为,运动行为通常有可能先于行为自动被情境特征所激活,就像做日常生活中例行的其他的习惯性的行为一样。当行为并不是习惯时,人们可能不重复行动,因为他们已经忘记,或他们做出一个深思熟虑的决定,改变了他们的想法。因此,为了达到良好的健康效果,应鼓励个人发展运动习惯。毕竟,锻炼习惯,作为概念在这里使用,会自动被诱发,并不需要太多的努力或刻意广泛的规划:行为可能始终如一并保持很长一段时间。

此外,有人认为,锻炼习惯可以建立,特别是当他们可以纳入现有的生活方式中(如散步和骑自行车),这些行为可认为是中等强度的活动,适度的体育锻炼与积极健康是联系在一起的。同意推广与健康有关的身体活动,和强调体育锻炼应理解为是日常生活一个不可分割的组成部分,而不是在休闲锻炼时间的理性决定,这两种观点是非常符合的(Pekka, 1996)。这并不意味着不推广高强度的体育锻炼。我们只是想强调,应鼓励个人进行锻炼,让他们觉得自己的行为是有益的、可行的,并最终成为一种惯性。然而,步行可能因此成为一个有希望的目标行为而得到推广,因为这种类型的活动并没有特殊的设备要求,正式的实施或同伴的参与(Hillsdon, Thorogood & Anstiss et al. 1995)。

通过对文献的梳理和回顾,研究指出了将来研究中解决的一些重要问题。首先,值得强调的是在习惯性的行为研究方面,大多数研究人员通过自我报告过去的行为的频率来操作习惯。不过,有人认为这样运作可能存在一些问题(Arts, 1996)。这是因为,主观报告对过去行为的发生频率可能会产生与一个人希望的不太一致的反应。也就是说,在某种程度上,习惯性的行为自动执行的程度和可能和非突出事件联系在一起,具有履行行为的记忆可能很难被唤醒(除了一些具有煽动性的行为目标)。同时,受试者估计频率可能有偏差,例如通过有效的或具有代表性的启发式的教学。习惯的进一步研究行为应该开发和验证可替代习惯的测量措施,而不是仅仅对过去行为频率的主观记忆。例如,采用反应时间范例,简要地表现主题与运用典型情境样本(行为目标),来引发特定的行为(如体育锻炼、旅游行为)。接下来,对每个情况他们都必须尽快作出反应,运用第一反应所想象的行为替代(例如上班,可能唤醒对自行车的使用)。此外,频率与特定的行为作出替代的反应可能在某种程度上反映了习惯的强弱。这些措施并不是依靠对过去行为频率的自我报告,此外,可捕捉目标导向自动化的要素,是习惯概念的本质特征。

另外关注的重要一点是习惯的操作,用自我报告过去行为的频率是习惯形成的必要条件,但是它不是习惯本身。显然,犹如之前所争论的那样,习惯形成与过去行为的频率是密切相关的。然而,观察唯一的变化在过去与将来的行为之间并没有提供确凿的习惯作用的证据,研究习惯的测量和意图之间的相互作用,在预测将来行为方面的调查研究,更加清楚地揭示了习惯的角色,即深思熟虑的意图是很少能预测习惯强度的增加的。我国学者对此主题的研究也取得了一定的成果。邱梅婷(2005)研究认为,锻炼行为变成锻炼习惯,关键是使行为能不断地得到重复,强化良好的锻炼效果是促使锻炼行为持续的重要驱动力,可以说需要是习惯形成的根本。锻炼的效果是习惯形成的动力。个人的心理品质是习惯形成的保障,锻炼习惯是一种个体行为方式,受多种因素的影响。本研究表明,体育的认识水平、对体育的兴趣爱好、锻炼的良好效果和愉快的情感体验是影响体育锻炼习惯形成的最重要因素,其次是锻炼的场地和设施条件、个人的心理品质(主要是克服惰性的自制力)和接受来自学校与家庭的体育教育。在影响锻炼行为的体育态度、心理因素、行为环境和社会环境4个方面中,体育态度对锻炼习惯的形成起最主要的作用(邱梅婷,贾绍华,2005)。何远航等人(2007)采用问卷调查法、文献法、数理统计法等,就影响高等院校学生体育锻炼习惯形成的学校因素,对泉州市7所高等院校进行了调查与分析。研究分析学生影响因素、课外体育活动因素、学校体育文化氛围因素是主要影响因素。张贵婷(2008)在调查分析的基础上认为,影响青少年体育锻炼习惯形成因素是多方面的。体育教学因素对体育锻炼习惯的形成影响最大。影响青少年体育锻炼习惯形成因素是多层次的,弄清各因素的层次关系才可能使高校体育改革有的放矢,促使青少年体育锻炼习惯的形成才可能有效。当对体育教学进行整改时,其他因素也必须跟着做相应的调整,必须考虑学生的兴趣爱好、自身需要,考虑如何提高其体育锻炼的认知水平及改善学生个人参与体育锻炼的主客观条件。这需要相应管理制度作支撑,更需要相应的场地设施、倡导宣传、带头参与等来营造良好的体育锻炼氛围进行配合。黄天林等人(2004)研究认为,体育需要行为是他们经常锻炼的内动力,正确的体育动机是体育锻炼习惯形成的有效保证,内、外部动机有机结合,用外部动机去增强内部动机,是引导学生经常锻炼的主趋势。体育兴趣与体育锻炼习惯的形成高度相关,是体育锻炼习惯形成的主要动因。体育态度对青少年体育锻炼习惯形成有着积极影响,应重视提高学生主观认识,积极引导科学体育锻炼。

解毅飞等人(2004)研究表明,影响体育锻炼习惯形成的因素有：个体因素,主要包括年龄阶段、健康与体质状况、遗传素质、运动经历和对体育锻炼的自我效能感等个性因素。其中年龄阶段、运动经历和自我效能感对体育锻炼习惯的形成产生直接影响。家庭环境因素主要包括家长的教育态度与方式、体育育儿观念,父母的榜样作用、职业特点、文化程度、社会与经济地位、居住环境条件等,都与体育锻炼习惯的养成呈正相关关系。学校教育因素主要包括教师、同学、体育课、课外体育活动、场地与器材、教材内容、校园体育锻炼风气和传统等;社会环境因素主要包括：社区体育活动的氛围、社区体育活动设施、大众传媒对全民健身活动和体育竞赛以及体育明星的宣传报道等,都对学生体育锻炼习惯的养成产生重要的影响。陈鸣和余健(2003)认为,在锻炼习惯的形成过程中,需要是锻炼习惯形成的前提,运动技能是锻炼习惯形成的条件,意志活动是锻炼习惯巩固并发展的重要因素。锻炼习惯形成过程必须重视体育运动的环境和氛围对个体运动需要有催化作用;锻炼效果的体验是锻炼习惯的生理、心理基础,以及每天相对稳定的运动项目、锻炼时间能使有机体产生参与体育运动的内驱力。钟振新和姚蕾(2003)研究表明,体育实践是影响青少年体育锻炼习惯养成的关键环节,它是形成锻炼习惯的基础,任何人的锻炼习惯都不是生来就有的,而是在社会生活中,通过体育实践以及在社会交往过程中逐步形成的。因此,高校体育教育必须努力使学生养成良好的生活习惯和体育锻炼习惯,使体育活动成为他们生活中不可缺少的重要内容。董育平(2000)则强调,体育锻炼习惯的形成主要是由于内部因素的作用(认识到体育的重要性、已从体育中受益、有良好的体育氛围、有运动伙伴等);而无体育锻炼习惯的学生认为主要是外部因素的作用(没有运动伙伴、没有体育特长、懒、学校体育设施差等)。客观因素对人的行为影响是间接的,主观因素对人的行为的影响是直接的,外因通过内因而起作用。关北光(1997)认为,从心理学角度来看,锻炼习惯的形成,建立在良好动机之上,而动机又来源于身体对活动的需要。需要又是发展生命所必需的客观条件的需求反映。所以,锻炼习惯是中学生通过认识并理解身体锻炼的价值及其所产生的效果,明确个人经过锻炼能够达到目标,了解身体生长发育的一般规律,掌握青少年时期不同阶段身体锻炼原理与方法,同时具备良好的心理定势,而逐渐形成的自觉行为。

通过对文献的回顾可知,影响我国青少年锻炼行为阶段变化的心理因素来源于个人、学校、家庭以及社会,在这些因素中,内因是决定因素,外因是通过内因起作用的,所以强调个人因素对习惯的养成起决定作用,通常情况下,个人因素主要包括情感体验、个人的需要、锻炼的益处、锻炼的弊端、自我效能、自我管理、意识提高、反条件化、环境再评价和互助关系等。此外,大多数关于行为习惯的研究与需要、态度、意图、习惯和后来的行为测量相关。因果关系的结论往往是基于对测量结果之间的统计关系。然而,在这些研究中,调节先行条件和结果行为之间的过程仍然是隐藏的。换句话说,很少人关注习惯行为潜在的认知过程。最后,尽管许多与健康相关的行为经常反复地执行,基于一些原因,在健康教育领域习惯的作用往往被忽视,也许这是建立健康习惯相当困难的结果,或者不健康习惯一旦形成,就很难打破。因此,希望目前锻炼习惯的分析,可以唤起更多的人了解和促进健康的生活习惯,尤其是体育锻炼习惯。

第3节　青少年体育锻炼习惯养成的实证研究

1. 研究目的

人类最伟大的革新,就是战胜自己的习惯。习惯,这一日积月累养成的心理或动作上的活动,在我们的生活中起着非常重要的作用,良好的习惯不仅能使我们的生活更便利,还会给我们带来成功的喜悦。习惯实际上不仅仅影响着我们的个人生活,而且引导着整个社会结构的心理机制的改变。我们的习惯或许会因受到外在的刺激而产生一些变动,但这些变动都不是长久的。如果我们没有经历由内而外的变化这一过程,就始终不会明白其中的道理,更不能击败自己的陋习,给自己增加自信的机会,所以我们首先要战胜自己,控制好自己的习惯,要把自己的起跑线前移,不然,我们就不会得到真正意义上的成功。

中共中央、国务院印发的《"健康中国 2030"规划纲要》中指出,到 2030 年健康中国指标中健康生活指标,经常参加体育锻炼人数由 2015 年的 3.6 亿人增加到 2020 年的 4.35 亿人,2030 年经常参加锻炼人数增加到 5.3 亿人。数据显示,我国目前经常参加锻炼的人数只有 25.7%,由此表明,缺乏锻炼目前已经成为制约国民健康和社会发展的重要因素之一。因此,要普及科学健身知识和健身方法,推动青少年体育锻炼生活化,提高青少年健康素养,推进健康生活方式行动,培育与强化体育锻炼习惯的养成及干预,使体育成为健康生活方式的基石。此外,学校教育、家庭教育和社会教育的协同合作是 21 世纪教育的主要趋势之一,在青少年体育锻炼习惯养成过程中,同样需要学校、家庭和社会协同合作,形成一个整合的关于家庭—学校—社区的协作互助关系。掌握养成青少年体育锻炼行为习惯的影响因素,对青少年养成良好的体育锻炼行为习惯具有至关重要的意义。

2. 研究对象与方法

2.1 研究对象

在全国范围进行分层抽样调查,抽取了北京、天津、成都、西安、上海、合肥、南京、武汉等 8 个地区的中小学生为调查对象,考虑到学校类型、地理位置,学生年级、性别等人口统计学信息,选取小学三年级、五年级、初中二年级、高中二年级的学生为调查对象,共发放问卷 5 000 份,回收有效问卷 4 624 份,问卷有效率 92.28%,其中,三年级学生 1 114 人、五年级 1 167 人、初二 1 184 人、高二 1 149 人;男生 2 224 人、女生 2 400 人;市区 2 292 人,郊区乡镇 2 231 人。有效问卷的样本数分布情况如表 3-1 所示。

表 3-1 有效问卷样本数分布情况统计结果

地区	性 别		地 区		年 级				人数
	男	女	市区	郊区	三年级	五年级	初二	高二	
北京	231	345	289	287	137	145	148	146	576
天津	286	281	294	273	135	143	146	143	567
成都	302	271	302	271	134	146	151	142	573

续表

地区	性　别		地　区		年　级				人数
	男	女	市区	郊区	三年级	五年级	初二	高二	
西安	267	308	298	277	135	148	148	144	575
上海	246	345	318	274	146	148	149	148	591
合肥	312	263	295	280	139	143	152	141	575
南京	284	305	214	275	146	146	145	142	589
武汉	296	282	282	294	142	148	145	143	578
合计	2 224	2 400	2 292	2 231	1 114	1 167	1 184	1 149	4 624

2.2　研究方法

2.2.1　文献资料法

通过 CNKI 等数据库广泛查阅有关家庭、社会、学校、青少年体育锻炼习惯的相关研究成果文献资料,对查阅的文献资料进行分析,找出家庭、社会、学校因素和青少年体育锻炼习惯的契合点。

2.2.2　专家访谈法

通过走访相关的体育专家学者,了解他们对青少年体育锻炼习惯形成的构想,再对家长、学校领导、体育教师、社会体育指导员、社区体育锻炼者进行调查和访问,总结他们对促进青少年体育锻炼习惯形成的影响因素的看法。

2.2.3　问卷调查法

采用横断面式的调查法,在全国范围进行分层抽样调查,抽取了学生、家长、老师共 5 000 多名为调查对象,对其发放与青少年体育锻炼习惯相关的学校因素问卷、家庭因素问卷、社会因素问卷共 5 000 份,回收有效问卷 4 624 份。

2.2.4　数理统计法

运用 SPSS 和 AMOS 对所有收集的数据进行统计学分析处理。

3. 青少年体育锻炼习惯养成的"家庭—学校—社会"影响因素探析

调查影响青少年体育锻炼习惯的因素,根据学校、家庭、社区不同的功能,围绕青少年体育锻炼习惯这一目标制订不同的量表,包括学校因素问卷、家庭因素问卷和社会因素问卷,从量表分析中找出影响青少年体育锻炼习惯的关键决定因素,并拟定主要因素架构如图3-3所示。

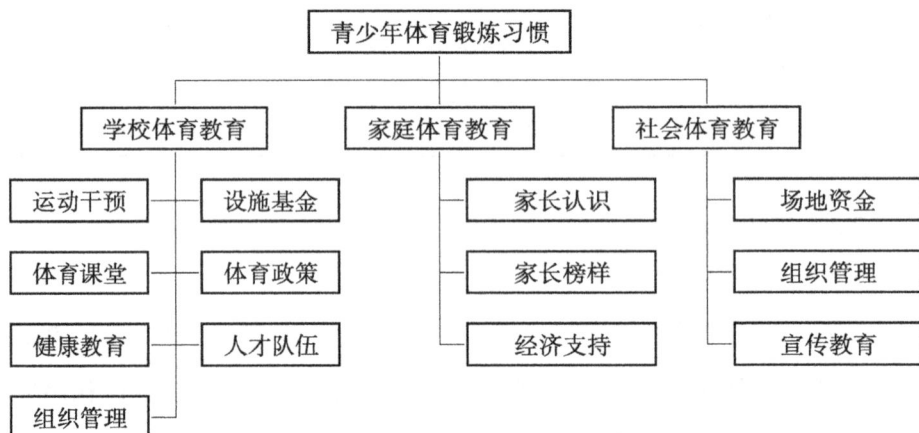

```
                    青少年体育锻炼习惯
        ┌───────────────┼───────────────┐
   学校体育教育        家庭体育教育        社会体育教育
   ┌─────┬─────┐      ┌─────┐           ┌─────┐
 运动干预  设施基金     家长认识            场地资金
 体育课堂  体育政策     家长榜样            组织管理
 健康教育  人才队伍     经济支持            宣传教育
 组织管理
```

图 3-3 青少年体育锻炼习惯影响因素框架

3.1 编制题目

根据图3-3的架构,按照不同的测试对象寻找与分量表有关的参考资料来编制题目。题目回答和计分采用李克特5级评分方式,从"完全符合"到"完全不符合"依次计5、4、3、2、1分。通常为了将来有删题的空间,需要比预定的题数多编1/2的题目,因此学校因素问卷编制了60个条目,家庭因素问卷编制了20个条目,社会因素问卷编制了30个条目。经过筛选,学校因素问卷39个条目、家庭因素问卷12个条目、社会因素问卷12个条目。

3.2 项目分析

3.2.1 学校因素问卷项目分析

经过分析可知(见表3-2),学校因素问卷的内部一致性相关系数

Cronbach'Alpha(a)为0.953,5个条目的鉴别力指数小于0.2,删除之后该量表的内部一致性Cronbach'Alpha(a)均大于0.953,因此,建议删除 X5、X17、X18、X29、X39 这 5 个条目。其他 34 个条目的鉴别力指数均大于 0.4,删除之后该量表的内部一致性 Cronbach'Alpha(a)小于 0.953,因此,建议保留这 34 个条目。

表3-2　学校因素问卷项目分析

条　　　目	相关系数	删除后的 a	结果
X1 学校确保学生有充分的时间进行课外体育活动	0.615	0.921	保留
X2 学校对学生课外体育活动时间有具体的硬性要求	0.661	0.921	保留
X3 学校经常与家长沟通确保学生回家有时间健身	0.650	0.921	保留
X4 学校经常督促学生积极参与体育活动	0.553	0.921	保留
X5 学校运动会对鼓励积极参与体育锻炼有明显促进作用	0.184	0.963	删除
X6 学校经常为学生举办健康知识讲座	0.612	0.921	保留
X7 学校经常通过宣传栏向学生宣传体育与健康知识	0.574	0.921	保留
X8 体育教师会传授体育与健康方面的知识	0.658	0.921	保留
X9 学校有体育与健康课程的理论考试	0.656	0.921	保留
X10 学校重视向学生讲授预防体育伤害事故知识	0.663	0.921	保留
X11 体育课的教学组织形式能调动学生的学习积极性	0.664	0.921	保留
X12 体育课的内容安排完全能吸引学生积极参与体育学习	0.659	0.921	保留
X13 体育课上学生的情绪高昂	0.619	0.921	保留
X14 体育课上学生自主学习机会很多	0.555	0.920	保留
X15 体育课上师生互动频繁	0.654	0.920	保留

续表

条　　目	相关系数	删除后的 a	结果
X16 体育课上学生达标的情况较好	0.552	0.920	保留
X17 体育课的学习目标设置较合理	0.195	0.964	删除
X18 学校奖励长效机制对体育教师开展体育活动有很大帮助	0.172	0.964	删除
X19 学校注重通过奖励长效机制促进学生积极参加体育锻炼	0.628	0.921	保留
X20 学校各种优秀奖励与体育成绩的关系很大	0.623	0.921	保留
X21 学校对体育教师指导课外体育活动的开展有具体规定	0.518	0.921	保留
X22 领导对体育教师的待遇不存在偏见	0.526	0.921	保留
X23 体育教师严格执行国家规定的体育考核标准	0.541	0.921	保留
X24 学校领导常组织专人对课外体育活动进行定期检查	0.553	0.921	保留
X25 学校对主管部门下发的体育文件有具体的落实机构	0.569	0.921	保留
X26 学校的体育器材管理有方	0.641	0.921	保留
X27 班主任常参加学生课外体育活动的组织管理	0.638	0.921	保留
X28 学校有专人负责学生的体质健康管理	0.627	0.920	保留
X29 学校体质健康测试能促进学生积极进行体育锻炼	0.165	0.965	删除
X30 学校的场地器材能满足体育活动开展的需要	0.624	0.920	保留
X31 学校经济水平能给体育器材设施提供有力保障	0.612	0.920	保留
X32 学校周围社区能对学校体育活动的开展提供支持	0.715	0.920	保留
X33 校领导重视对学校体育物质条件的改善	0.615	0.921	保留
X34 校内对体育赛事有经费支持	0.626	0.921	保留

条　　目	相关系数	删除后的 a	结果
X35 体育教师能充分开发利用体育课程资源	0.531	0.921	保留
X36 体育教师的业务水平能满足学校体育教学工作	0.603	0.921	保留
X37 体育教师的数量能满足学校体育活动的开展需要	0.577	0.921	保留
X38 体育教师的教学方法完全能够适应学生学习需要	0.563	0.921	保留
X39 学校管理人员(包括校医)有丰富的健身知识与经验	0.102	0.963	删除

3.2.2　家庭因素支持量表项目分析

经过分析可知(见表 3－3),家庭因素问卷的内部一致性相关系数 Cronbach'Alpha(a)为 0.965,所有条目的鉴别力指数均大于 0.4,删除之后该量表的内部一致性 Cronbach'Alpha(a)均小于 0.965,因此,建议保留这 12 个条目。

表 3－3　家庭因素支持量表的项目分析

题　　目	相关系数	删除后的 a	结果
J1 父母认为参加体育活动能够减轻孩子的学习压力	0.567	0.943	保留
J2 父母认为通过参加体育活动能提高孩子的人际交往能力	0.560	0.943	保留
J3 父母认为通过参加体育锻炼能提高孩子的竞争力	0.444	0.943	保留
J4 父母认为通过参加体育锻炼能提高孩子吃苦耐劳的精神	0.530	0.943	保留
J5 父母经常督促孩子进行体育锻炼	0.541	0.941	保留
J6 父母有能力指导孩子进行体育锻炼	0.586	0.941	保留
J7 孩子在家里或是社区中锻炼时,父母能给予指导	0.600	0.941	保留

续表

题　目	相关系数	删除后的 a	结果
J8 父母经常带孩子一起参加体育活动	0.640	0.941	保留
J9 父母能满足孩子锻炼所需的体育设备	0.539	0.941	保留
J10 父母支持孩子购买体育用品	0.542	0.943	保留
J11 父母支持孩子花钱参加体育辅导班	0.553	0.942	保留
J12 父母会花钱带孩子到现场看比赛	0.549	0.942	保留

3.2.3　社会因素支持量表项目分析

经过分析可知(见表 3-4),社会因素问卷的内部一致性 a 为 0.915,所有条目的鉴别力指数均大于 0.4,删除之后该量表的内部一致性 a 均小于 0.915,因此,建议保留这 12 个条目。

表 3-4　社会因素支持量表项目分析

题　目	相关系数	删除后的 a	结果
S1 社区通过宣传栏方式宣传体育健康知识和常识	0.674	0.884	保留
S2 社区经常组织各种类型的体育活动或比赛	0.706	0.884	保留
S3 社区有健身活动点	0.565	0.884	保留
S4 社区的健身氛围浓厚	0.708	0.884	保留
S5 社区有健全的体育管理体制	0.703	0.884	保留
S6 社区体育锻炼常有专人指导	0.716	0.884	保留
S7 社区有专门的体育领导机构	0.701	0.884	保留
S8 社区有专门分管体育工作的干部	0.735	0.884	保留
S9 社区能为体育健身提供经济保证	0.677	0.884	保留
S10 社区有专门的经费投入	0.718	0.944	保留
S11 社区支持花钱邀请专门人士来开展体育与健康讲座	0.672	0.884	保留
S12 社区经常免费提供有用的体育资源	0.608	0.884	保留

3.3　信度与效度

3.3.1　各量表维度分析

3.3.1.1　学校因素问卷的维度分析

对学校因素问卷进行了探索性因子分析,采用主成分分析法并配合最大变异法正交叉转轴,将特征根大于 1 的因素提取出来,因子分析的 KMO 值为 0.875,巴特利特球形检验的 X^2 值为 4 864.356,具有显著的统计学意义($p<0.001$),表明非常适合进行因素分析。根据"被解释总方差表"显示有 7 个大于 1 的特征值,累计贡献率为 61.046%,从表 3-5 可以看出,旋转后 28 个条目很好地汇聚在 7 个公因子上,并根据组成各个公因子的条目内容给各因子进行命名。

表 3-5　学校因素问卷的维度分析

题目	共同度	旋转后的因子载荷矩阵							命名
		F1	F2	F3	F4	F5	F6	F7	
X1	0.734	0.717							运动干预
X2	0.645	0.708							
X3	0.624	0.645							
X4	0.654	0.646							
X6	0.631		0.607						健康教育
X7	0.633		0.639						
X8	0.651		0.637						
X9	0.618								
X10	0.531		0.607						
X11	0.648		0.593						体育课堂
X12	0.545		0.622						
X13	0.599		0.616						
X14	0.577		0.614						
X15	0.608								
X16	0.513								

题目	共同度	旋转后的因子载荷矩阵							命名
		F1	F2	F3	F4	F5	F6	F7	
X19	0.580			0.561					体育政策
X20	0.616			0.616					
X21	0.642			0.614					
X22	0.565			0.596					
X23	0.631								
X24	0.671				0.611				组织管理
X25	0.696				0.588				
X26	0.527								
X27	0.611				0.626				
X28	0.541				0.684				
X30	0.653					0.616			设施基金
X31	0.738					0.573			
X32	0.690								
X33	0.598					0.611			
X34	0.683					0.558			
X35	0.650						0.550		人才队伍
X36	0.686						0.522		
X37	0.684						0.573		
X38	0.636						0.638		

3.3.1.2 家庭因素问卷的维度分析

对家庭因素问卷进行了探索性因子分析,采用主成分分析法并配合最大变异法正交叉转轴,将特征根大于 1 的因素提取出来,因子分析的 KMO 值为 0.894,巴特利特球形检验的 X^2 值为 3 642.143,具有显著的统计学意义($p < 0.001$),表明非常适合进行因素分析。根据"被解释总方差表"显示有 3 个大于 1 的特征值,累计贡献率为 58.06%,从表 3 - 6 可以看出,旋转后 12 个条目很好地汇聚在 3 个公因子上,并根据组成各个公因

子的条目内容给各因子进行命名。

表 3 - 6 家庭因素问卷的维度分析

题目	共同度	旋转后的因子载荷矩阵			命名
		F1	F2	F3	
J1	0.514	0.608			家长认识
J2	0.543	0.736			
J3	0.527	0.640			
J4	0.631	0.744			
J5	0.550		0.684		家长榜样
J6	0.575		0.635		
J7	0.614		0.702		
J8	0.681		0.584		
J9	0.648			0.687	经济支持
J10	0.533			0.570	
J11	0.640			0.732	
J12	0.614			0.730	

3.3.1.3 社会因素问卷的维度分析

对社会因素问卷采用主成分分析法并配合最大变异法正交叉转轴进行探索性因子分析,将特征根大于1的因素提取出来,因子分析的 KMO 值为 0.921,巴特利特球形检验的值为 3 068.612,具有显著的统计学意义($p < 0.001$),表明非常适合进行因素分析。根据"被解释总方差表"显示有 3 个大于 1 的特征值,累计贡献率为 61.624%,从表 3 - 7 可以看出,旋转后 12 个题目很好地汇聚在 3 个公共因子上,并根据组成各个公因子的条目内容给各因子进行命名。

3.3.2 分量表信度分析

本研究采用克隆巴赫系数法进行一致性检验(据规定:a 系数介于 0.6~0.7 之间为最小可接受,介于 0.7~0.8 之间为相当好,介于 0.8~0.9 之间为非常好)。

表3-7 社会因素问卷的维度分析

题目	共同度	旋转后的因子载荷矩阵			命名
		F1	F2	F3	
S1	0.549	0.651			宣传教育
S2	0.714	0.624			
S3	0.710	0.758			
S4	0.735	0.670			
S5	0.784		0.780		组织管理
S6	0.800		0.827		
S7	0.823		0.829		
S8	0.796		0.775		
S9	0.766			0.647	场地资金
S10	0.782			0.579	
S11	0.768			0.621	
S12	0.653			0.651	

3.3.2.1 学校因素问卷信度分析

学校因素总量表与各维度的信度依次为0.894、0.768、0.812、0.878、0.780、0.711、0.794，都达到较高水平，充分说明学校因素问卷具有较好的信度(见表3-8)。

表3-8 学校因素问卷Cronbach α 系数

	条　目	Cronbach α
1. 运动干预	4	0.768
2. 健康教育	4	0.706
3. 体育课堂	4	0.812
4. 体育政策	4	0.878
5. 组织管理	4	0.780

	条　　目	Cronbach α
6. 设施基金	4	0.711
7. 人才队伍	4	0.794
8. 总量表	28	0.894

3.3.2.2　家庭因素问卷信度分析

由表 3 - 9 可知，家庭因素问卷与各维度的信度依次为 0.860、0.767、0.750、0.785，达到了较高水平，充分表明家庭因素问卷稳定性和一致性较好。

表 3 - 9　家庭因素问卷 Cronbach α 系数

	条　　目	Cronbach α
1. 家长榜样	4	0.767
2. 家长认识	4	0.750
3. 经济支持	4	0.785
4. 总量表	12	0.860

3.3.2.3　社会因素问卷信度分析

由表 3 - 10 可知，社会因素总量表与各维度的信度依次为 0.878、0.768、0.785、0.760，达到了较高水平，充分表明社会因素问卷稳定性和一致性较好。

表 3 - 10　社会因素问卷 Cronbach α 系数

	条　　目	Cronbach α
1. 宣传教育	4	0.768
2. 组织管理	4	0785
3. 场地资金	14	0.760
4. 总量表	12	0.878

3.4 结构效度检验

3.4.1 学校因素问卷

从表3-5可知,学校因素问卷汇聚在7个公共因子上,从因子旋转载荷系数大小情况看,7个共性因子主要由28个条目决定,因此对该28个条目进行验证性分析。表3-11显示:X^2/df为2.851,CFI、NFI、IFI、TLI均大于0.90,RMSEA小于0.08,所有拟合指数均在理想范围内,表明模型与研究数据拟合良好,说明该量表具有较好的构想效度。

表3-11 学校因素问卷结构拟合指标

拟合指数	X^2	df	X^2/df	RMSEA	CFI	NFI	IFI	TLI
	937.973	329	2.851	0.068	0.931	0.922	0.938	0.927

3.4.2 家庭因素问卷

从表3-6可知,家庭因素问卷汇聚在3个公共因子上,从因子旋转载荷系数大小情况看,3个共性因子主要由12个条目决定,因此对该12个条目进行验证性分析。表3-12显示:X^2/df为3.579,CFI、NFI、IFI、TLI均大于0.90,RMSEA小于0.08,所有拟合指数均在理想范围内,表明模型与研究数据拟合良好,说明该量表具有较好的构想效度。

表3-12 家庭因素问卷结构拟合指标

拟合指数	X^2	df	X^2/df	RMSEA	CFI	NFI	IFI	TLI
	182.514	51	3.579	0.063	0.945	0.901	0.948	0.900

3.4.3 社会因素问卷

从表3-7可知,社会因素问卷汇聚在3个公共因子上,从因子旋转载荷系数大小情况看,3个共性因子主要由12个条目决定,因此对该12个条目进行验证性分析。表3-13显示:X^2/df为2.939,CFI、NFI、IFI、TLI均大于0.90,RMSEA小于0.08,所有拟合指数均在理想范围内,表明模型与研究数据拟合良好,说明该量表具有较好的构想效度。

表 3-13　社会因素问卷结构拟合指标

拟合指数	X^2	df	X^2/df	RMSEA	CFI	NFI	IFI	TLI
	493.704	168	2.939	0.054	0.937	0.901	0.940	0.903

3.5　学校、家庭、社会体育与青少年体育锻炼习惯之间关系模型

3.5.1　相关分析

表 3-14 显示,学校、家庭及社会体育与锻炼习惯相关系数分别为 0.575、0.501、0.516,而且学校教育、家庭教育及社区教育三者彼此间也高度相关。

表 3-14　各量表之间相关

变　量	1	2	3	4
1. 学校教育	1			
2. 家庭教育	0.685**	1		
3. 社会教育	0.620**	0.866**	1	
4. 锻炼习惯	0.575**	0.501**	0.516**	1

3.5.2　路径分析

表 3-15 显示:采用最大似然法对原始数据矩阵进行验证性分析,X^2/df 为 2.939,CFI、NFI、IFI、TLI 均大于 0.80,RMSEA 小于 0.08,所有拟合指数均达到了可接受的标准,表明关系模型与研究数据拟合良好。

表 3-15　社会因素问卷结构拟合指标

拟合指数	X^2	df	X^2/df	RMSEA	CFI	NFI	IFI	TLI
	393.375	101	3.875	0.066	0.876	0.862	0.879	0.896

4. 结果与分析

4.1 学校体育教育的因子与决定因素

影响青少年锻炼习惯的学校体育教育因素由 7 个维度构成,依次为"运动干预""体育课堂""健康教育""体育政策""组织管理""人才队伍""设施基金"。

4.1.1 "运动干预"因子的决定因素

"运动干预"维度在学校体育教育中起着最重要的作用,它对学校体育教育的总体贡献最大($\gamma=0.83$,反映自变量对回归方程中因变量的贡献大小),含有 4 个重要指标。指标 X1 路径系数 $\gamma=0.61$(排第一),即学校确保学生有充分的时间进行课外体育活动;指标 X4 路径系数 $\gamma=0.58$(排第二),即学校经常督促学生积极参与体育活动;指标 X2 路径系数 $\gamma=0.55$(排第三),即学校对学生课外体育活动时间有具体的硬性要求;指标路径 X3 系数 $\gamma=0.54$(排第四),学校经常与家长沟通学生确保回家有时间健身。

4.1.2 "体育课堂"因子的决定因素

"体育课堂"维度对学校体育教育的作用排第二位($\gamma=0.79$),由 4 个指标构成。指标 X14 路径系数 $\gamma=0.60$(排第一),即体育课上学生自主学习机会很多;指标 X12 和 X13 路径系数 $\gamma=0.56$(排第二),即体育课的内容安排完全能吸引学生积极参与体育学习,体育课上学生的情绪高昂;指标 X11 路径系数 $\gamma=0.55$(排第三),即体育课的教学组织形式能调动学生的学习积极性。

4.1.3 "健康教育"因子的决定因素

"健康教育"维度对学校体育教育的作用排列第 3 位($\gamma=0.77$),由 4 个指标构成。指标 X10 路径系数 $\gamma=0.59$(排第一),即学校重视向学生讲授预防体育伤害事故的知识;指标 X8 路径系数 $\gamma=0.56$(排第二),即体育教师会传授体育与健康方面的知识;指标 X7 路径系数 $\gamma=0.56$(排第三),即学校经常通过宣传栏向学生宣传体育与健康知识;指标路径 X6 系数 $\gamma=0.55$(排第四),即学校经常为学生举办健康知识讲座。

4.1.4　"体育政策"因子的决定因素

"体育政策"维度在学校体育教育中的作用排第 4 位($\gamma=0.71$),由 4 个指标构成。指标 X22 路径系数 $\gamma=0.71$(排第一),即领导对体育教师的待遇不存在偏见;指标 X20 和 X21 路径系数 $\gamma=0.66$(排第二),即学校各种优秀奖励与体育成绩的关系很大,学校对体育教师指导课外体育活动的开展有具体规定;指标 X19 路径系数 $\gamma=0.60$(排第三),即学校注重通过奖励长效机制促进学生积极参加体育锻炼。

4.1.5　"组织管理"因子的决定因素

"组织管理"维度在学校体育教育中的贡献列第 6 位($\gamma=0.59$),由 4 个指标构成。指标 X24 路径系数 $\gamma=0.63$(排第一),即学校领导常组织专人对课外体育活动进行定期检查;指标 X25 和 X28 路径系数 $\gamma=0.58$(排第二),即学校对主管部门下发的体育文件有具体的落实机构,学校有专人负责学生的体质健康管理;指标 X27 路径系数 $\gamma=0.50$(排第三),即班主任常参加学生课外体育活动的组织管理。

4.1.6　"人才队伍"因子的决定因素

"人才队伍"维度在学校体育教育中的作用排第 5 位($\gamma=0.64$),由 4 个指标构成。指标 X37 路径系数 $\gamma=0.63$(排第一),即体育教师的数量能满足学校体育活动的开展需要;指标 X36 路径系数 $\gamma=0.61$(排第二),即体育教师的业务水平能满足学校体育教学工作;指标 X38 路径系数 $\gamma=0.57$(排第三),即体育教师的教学方法完全能够适应学生学习需要;指标路径 X35 系数 $\gamma=0.58$(排第四),即体育教师能充分开发利用体育课程资源。

4.1.7　"设施基金"因子的决定因素

"设施基金"维度在学校体育教育中的贡献列第 7 位($\gamma=0.53$),由 4 个指标构成。指标 X33 路径系数 $\gamma=0.64$(排第一),即校领导重视对学校体育物质条件的改善;指标 X34 路径系数 $\gamma=0.63$(排第二),即校内对体育赛事有经费支持,从不克扣;指标 X31 路径系数 $\gamma=0.59$(排第三),即学校经济水平能给体育器材设施提供有力保障;指标 X30 路径系数 $\gamma=0.58$(排第四),即学校的场地器材能满足体育活动开展的需要。

4.2 家庭体育锻炼的因子及决定因素

影响青少年锻炼习惯的家庭因素由 3 个维度构成,依次为"家长榜样""经济支持""家长认识"。

4.2.1 "家长榜样"因子的决定因素

"家长榜样"在家庭因素中的贡献列第一位($\gamma=0.84$),由 4 个指标构成。指标 J8 路径系数 $\gamma=0.66$(排第一),即父母经常带孩子一起参加体育活动;指标 J5 路径系数 $\gamma=0.62$(排第二),即父母经常督促孩子进行体育锻炼;指标 J7 路径系数 $\gamma=0.56$(排第三),即孩子在家里或是社区中锻炼时,父母能给予指导;指标 J6 路径系数 $\gamma=0.51$(排第四),即父母有能力指导孩子进行体育锻炼。

4.2.2 "经济支持"因子的决定因素

"经济支持"在家庭因素中的贡献列第二位($\gamma=0.80$),由 4 个指标构成。指标 J12 路径系数 $\gamma=0.64$(排第一),即父母会花钱带孩子到现场看比赛;指标 J10 和 J11 路径系数 $\gamma=0.59$(排第二),即父母支持孩子购买体育用品,父母支持孩子花钱参加体育辅导班;指标 J9 路径系数 $\gamma=0.56$(排第三),即父母能满足孩子锻炼所需的体育设备。

4.2.3 "家长认识"因子的决定因素

"家长认识"在家庭因素中的贡献列第三位($\gamma=0.78$),由 4 个指标构成。指标 J4 路径系数 $\gamma=0.61$(排第一),即父母认为,通过参加体育锻炼能提高孩子吃苦耐劳的精神;指标 J1 路径系数 $\gamma=0.59$(排第二),即父母认为,参加体育活动能够减轻孩子的学习压力;指标 J3 路径系数 $\gamma=0.54$(排第三),即父母认为,通过参加体育锻炼能提高孩子的竞争力;指标

J2 路径系数 $\gamma=0.52$(排第四),即父母认为,通过参加体育活动能提高孩子的人际交往能力。

4.3　社会因素的因子及决定因素

影响青少年锻炼习惯的社会因素由 3 个维度构成,依次为"场地资金""宣传教育""管理组织"。

4.3.1　"场地资金"因子的决定因素

"场地资金"在社会因素中的作用列第 1 位($\gamma=0.90$),由 4 个指标组成。S10 路径系数 $\gamma=0.64$(排第一),即社区有专门的经费投入;S9 路径系数 $\gamma=0.57$(排第二),即社区能为体育健身提供经济保证;S12 路径系数 $\gamma=0.55$(排第三),即社区经常免费提供有用的体育资源;S11 路径系数 $\gamma=0.54$(排第四),即社区支持花钱邀请专门人士来开展体育与健康讲座。

4.3.2　"宣传教育"因子的决定因素

"宣传教育"在社会因素中的作用列第 2 位($\gamma=0.90$),由 4 个指标组成。S2 路径系数 $\gamma=0.67$(排第一),即社区经常组织各种类型的体育活动或比赛;S1 路径系数 $\gamma=0.57$(排第二),即社区通过宣传栏方式宣传体育健康知识和常识;S4 路径系数 $\gamma=0.54$(排第三),即社区的健身氛围浓厚;S3 路径系数 $\gamma=0.50$(排第四),即社区有健身活动点。

4.3.3　"管理组织"因子的决定因素

"管理组织"在社会因素中的作用列第 3 位($\gamma=0.85$),由 4 个指标组成。S5 路径系数 $\gamma=0.70$(排第一),即社区有健全的体育管理体制;S6 路径系数 $\gamma=0.65$(排第二),即社区体育锻炼常有专人指导;S8 路径系数 $\gamma=0.62$(排第三),即社区有专门分管体育工作的干部;S7 路径系数 $\gamma=0.58$(排第四),即社区有专门的体育领导机构。

5. 结论

运动参与应该作为学校体育的重点,进一步加强组织管理,加大提高青少年体育认知水平。家庭因素应加强家长的模范榜样作用，增加投入，转变观念，营造积极的体育锻炼家风。社区因素方面，领导重视是首要保障，主动结合社区的文明、教育因素、体育设施、环境等优势，加大资金投入，充分发挥社区在配合学校开展校外体育方面的能动性，使青少年体育锻炼的态度、运动技能、体育锻炼习惯在社区环境与条件下形成和发展。

第4章　青少年体育锻炼习惯概念模型及其量表的研制

第1节　青少年体育锻炼习惯概念模型及其维度间关系的实证研究

研究一：为锻炼习惯的初步调查研究。

1. 研究目的

长期有规律的体育锻炼对于人体的发展具有积极的影响，它是一个集生理、心理、社会和行为学于一体的综合取向过程，是提高和改善体质的有效的不可替代的重要手段。体育锻炼能够使人产生成功感和愉快的体验，对个人的自信和自尊有很好的促进作用。此外，它还是增加人与人之间的交往与沟通，建立良好的人际关系以及个体社会化的重要途径。所以，本研究通过对青少年进行回顾性问卷调查和半结构访谈，了解青少年对体育锻炼习惯概念的看法，探索锻炼习惯的初步特征。

2. 研究方法

2.1　被试

研究的被试为上海和江苏两地普通高校的青少年，随机选取 150 名一、二年级学生，(男＝85，女＝65)，这些学生来自 5 所不同的大学(华东师范大学、南京大学、扬州大学、华东理工大学、河海大学),能够有规律地参加体育锻炼,每周3次(包括2次体育课),每次30分钟以上,中等以上强度,假设他们具有体育锻炼习惯,根据实际情况对他们进行回顾性问卷调查。

2.2 研究工具

开放式问题和封闭性问题结合的混合问卷。借鉴开放式问卷编制方法,设计了开放式问卷"体育锻炼习惯陈述问卷"(见附录1)。为了增加答题的真实性,本开放式问卷把锻炼习惯这一现象分解为三个方面,这样可以让答题者在较少约束的情况下自由答题,有利于准确地分析答题者的真实意图。

采用半结构化访谈方法(semi-structured interviews),该方法是基础理论的一个应用,采用定性和定量相结合的混合研究方法,可以达到对研究问题的深刻理解。根据研究取向,全面考虑心理、生理、行为学因素,对部分同学进行访谈,请他们谈谈对锻炼习惯的感受。

2.3 研究过程

(1) 2009年3月,对选取的150名学生进行为期4个月的跟踪观察,结果显示,有142名同学符合调查标准,8名同学因为各种不同的原因中断体育锻炼,然后对142名学生进行开放式问卷调查。

(2) 2009年9月、10月进行两次组访,访谈时间2小时左右。为了保证访谈内容的真实性,访谈由学生以前的体育教师进行,这样可以了解学生的基本情况,不用刻意地去创建对话关系,便于建立共同的话题,实现对学生进行纵向的比较和思考。访谈采用问卷和录音两种方式来收集数据,以实现相互补充,相互验证。为了统计学生对访谈结果的了解程度,访谈结尾对访谈本身进行评估,让学生回答"你了解本次访谈的意图吗?"有22人回答完全了解,8人选择基本了解,没有人选择不了解。

（3）在调查基础上,根据对文献的研究、锻炼承诺理论以及 5 位锻炼心理学专家的建议,采用综合取向运用归纳法对开放式问卷的内容进行筛选、归纳并进行分析。编码和分析的单位是含义而不是句子。遇到一句多义的情况,按实际编码和分析单位进行编码,遇到句子很长,但一个句子中为相近词义的描述时,只作为一个单位进行编码。本次"体育锻炼习惯陈述问卷"的编码系统将被试的回答分为行为特征、心理特征、生理特征、社会适应和其他方面共五大类别及若干小类。

3. 结果与分析

3.1　问卷的基本情况分析

对 142 名被试写出的 1 406 个句子进行编码分析。根据综合研究取向,对 1 406 个句子的分析结果如表 4-1 所示。

表 4-1　青少年体育锻炼习惯陈述问卷语句调查分析

维　　度	句子条目数	所占百分比（％）
行为方面	593	42.18
心理方面	551	39.19
生理方面	185	13.16
社会适应方面	58	4.12
其　　他	19	1.35
总　　共	1 406	100

从表 4-1 可以看出,在 1 406 个句子中,行为维度、心理维度和生理维度占所有句子总数的前三位,分别占 42.18％、39.19％和 13.16％,三大维度的反应频率占所有陈述的 94.53％,其他类仅占所有陈述的 5.47％,这说明青少年对体育锻炼习惯的认识基本上是一致的;另一方面也说明,体育锻炼习惯维度的编码系统是比较全面的,基本上概括了被试的全部反应特征。

3.2 高频率语句分析

通过对问卷的进一步具体分析,在五大维度的每个方面都会出现相同和相似的语句,具体分析统计如表4-2所示。

表4-2 青少年锻炼习惯开放式问卷中反应频率较高的例句统计结果

维　度	例　　句	反应频率(%)
行为维度	经常参加锻炼	86.52
	自动地参加锻炼	83.23
	坚持锻炼	82.68
	总是很自觉地进行锻炼	82.53
	锻炼是日常生活中不可或缺的一部分	71.92
	一到锻炼时间,我会不由自主地想去锻炼	61.26
	会在固定的时间内进行体育锻炼	53.42
	我可以胜任大多数体育运动	50.39
	能轻松地完成各种动作	45.53
心理维度	我觉得锻炼非常好	85.11
	心情愉快	83.72
	精力充沛	78.87
	参加锻炼不需要我太多的思考	75.14
	不需要有意识地去想着参加锻炼	73.38
	坚持锻炼是我的个性	70.23
	我因锻炼而自豪	69.91
	如果不锻炼会感到很别扭	67.57
	我对自己的身体状况充满信心	53.82
生理维度	身体健康	80.81
	很少生病	76.42
	在身体方面,我对自己感觉良好	75.37
	我的身体长得结实强壮(力量)	71.07
	有较好的协调性	64.38

维　度	例　　句	反应频率(%)
生理维度	具有很好的耐力	58.82
	不会轻易地感到疲劳	52.16
社会维度	结交好多朋友	72.23
	具有团队意识	65.87
	合作意识比较强	51.68

从上述列举的句子中可以看出,锻炼习惯的体现主要集中在行为、心理、生理以及社会适应四大环节。

4. 结论

(1)青少年所描述的体育锻炼习惯的特征与前人研究的结果基本上是一致的。

(2)体育锻炼习惯的常见现象包括躯体行为特征、心理特征、生理特征以及社会适应等,并按出现的频率依次排列。

(3)青少年锻炼习惯的主要特征包括:① 锻炼行为方面:行为的重复性和情境的稳定性,难以控制锻炼行为,固定的行为频率,具有较强的运动能力等;② 思维方面:较少意识的参与,积极的情感体验,较低的锻炼意向,较强的身体自尊,对运动的积极评价,自动化等;③ 生理方面:身体总体健康状况良好,较高的体适能水平以及积极的锻炼效果等;④ 社会适应:良好的人际关系,团结合作能力以及竞争意识。

上述不同特征群中的有些特征是相互交叉、相互包含的。

研究二:为青少年锻炼习惯概念结构模型的实证研究。

1. 研究目的

在初步探索青少年体育锻炼习惯的基础上,借鉴对前人的研究成果,采用解释结构模型,将含糊不清的体育锻炼习惯概念转化为相对直观的模型,并对青少年体育锻炼习惯发生的特征进行系统的实证研究。

2. 研究方法

2.1 被试

研究的被试为上海和南京两地普通高校的青少年,选取 30 名青少年,这些学生来自华东师范大学和河海大学的大四学生(男生＝20,女＝10)。

2.2 研究工具

采用解释结构模型法(Interpretative Structural Model,简称 ISM)。ISM 属于概念模型,它可以把模糊不清的思想、看法转化为直观的具有良好结构关系的模型。通过对开放式问卷和访谈的结果分析,在相关文献研究的基础上和运动承诺理论的指导下,归纳出与青少年锻炼习惯相关的 19 个因素,分别是锻炼习惯、行为重复性、行为控制、环境稳定性、运动能力、思维模式、锻炼意识、情感体验、锻炼意向、身体自尊、锻炼评价、自动化、生理效应、健康状况、体适能水平、社会适应、人际关系、团结合作能力以及竞争意识等,根据这 19 个因素,设计其结构之间的两两相关的内容。

2.3 研究过程

在本次研究过程中,实施 ISM 的小组以笔者为主,由专家学者、体育教师和研究被试五十余人组成。通过对开放式问卷和访谈的结果分析,以及对相关文献的研究,设定要研究的关键问题是青少年体育锻炼习惯概念,确定与青少年锻炼习惯概念相关的 19 个因素。然后通过 2009 年 9 月、10 月的两次组访,让 30 名学生对 19 个理论结构之间的两两关系进行判断。

3. 结果与分析

3.1 学生对锻炼习惯概念结构之间关系的认知情况

通过对学生判断的数据进行频数统计，得到锻炼习惯概念相关因素之间相互关系的判断矩阵表（见表 4-3），表中数字表示该单元行的要素对单元列的要素存在影响的学生人数。

表 4-3 青少年对锻炼习惯概念模型结构要素之间关系的认知情况（$N=30$）

	1 锻炼习惯	2 锻炼行为	3 行为重复	4 行为稳定	5 行为控制	6 行为简单化	7 运动能力	8 思维模式	9 意识参与度	10 心理效能	11 锻炼意向	12 自我评价	13 情感体验	14 自动化	15 身体健康	16 锻炼兴趣	17 锻炼效果	18 锻炼评价	19 人际关系
1 锻炼习惯		16	17	14	13	13	12	17	18	16	16	15	12	18	16	14	9	8	6
2 锻炼行为	30		18	16	14	12	12	15	14	13	10	7	9	15	13	12	11	9	3
3 行为重复	30	30		14	12	12	15	17	11	12	6	4	16	16	18	18	16	4	1
4 行为稳定	30	22	12		5	1	2	11	16	1	12	2	6	18	18	12	13	2	5
5 行为控制	28	25	17	17		18	18	23	17	14	12	12	10	8	8	10	8		1
6 行为简单化	27	25	14	13	16		15	12	16	13	11	13	11	10	10	14	11		3
7 运动能力	30	27	16	12	10	16		16	12	16	12	13	12	16		26	12		3
8 思维模式	27	12	14	14	15	13	15		12	16	16	18	14	12	18	19	9		1
9 意识参与度	26	12	16	12	15	18	26			16	12	12	12	16	12	10	10		2
10 心理效能	26	19	16	14	15	16	16	16			15	26	16	17	12	8	28	12	3
11 锻炼意向	25	17	15	14	14	16	11	26	12	16		12	10	13	10	13	18	12	4
12 自我评价	23	12	12	16	14	17	12	11	18	27	12		10	12	11	29	16		5
13 情感体验	28	16	18	12	12	13	14	12	15	16	14			17	12	10	28	12	5
14 自动化	30	14	18	12	16	18	29	16	12	16	16				14	15	16	11	8
15 身体健康	30	14	15	14	16	16	16	14	15	14	13	18	12			14	27	12	2

		1	2	3	4	5	6	7	8	9	10	11	12	13	14	15	16	17	18	19
		锻炼习惯	锻炼行为	行为重复	行为稳定	行为控制	行为简单化	运动能力	思维模式	意识参与度	心理效能	锻炼意向	自我评价	情感体验	自动化	身体健康	锻炼兴趣	锻炼效果	锻炼评价	人际关系
16	锻炼兴趣	30	18	18	16	16	18	17	18	19	12	14	15	16	16	16	╲	28	10	6
17	锻炼效果	28	18	18	16	16	16	17	16	16	17	18	18	18	14			╲	11	8
18	锻炼评价	21	18	18	16	16	16	18	12	12	14	18	12	14	12	10	26		╲	2
19	人际关系	15	13	8	11	9	5	13	12	11	10	10	12	13	9	8				╲

对于建立模型来说,只有大多数学生认可的关系才是真正有意义的模型。从表4-3的统计结果可以看出,大多数要素之间的关系不是简单的有没有影响的问题,而是有一个影响强度存在。影响关系较强,表明有更多的同学认可,同时对某一关系认同的学生越多,说明该关系越重要。

3.2 解释结构模型的系统分析

根据表4-3,应用系统工程的分析方法,就可以求出解释结构模型,从邻接关系矩阵到得出结构模型的分析过程包括:建立邻接矩阵、建立可达矩阵、可达矩阵的级间划分、生成缩减可达矩阵、生成骨干矩阵和做出递阶有向这6个步骤,这是一个标准的系统分析过程(柯永河,1998)。

3.2.1 建立邻接矩阵

在解释结构模型法中,邻接矩阵是对系统要素两两之间的直接关系的描述,邻接矩阵 A 的元素 Aij 可以定义如下(朱琳,吕本富,2004):

$$Aij = \begin{cases} 1 & SiRSj \quad R \text{ 表示 } Si \text{ 与 } Sj \text{ 有关系} \\ 0 & SiRSj \quad R \text{ 表示 } Si \text{ 与 } Sj \text{ 没有关系} \end{cases}$$

所有矩阵元素只有 1 和 0,它属于布尔矩阵,根据不同阈值下获得的解释结构模型与概念的理论分析进行比较,选择 2/3 人数以上的学生认同为阈值,这样与分析框架较吻合。把表 4-3 转化为表 4-4。

表 4-4　初步的邻接关系表

	S1	S2	S3	S4	S5	S6	S7	S8	S9	S10	S11	S12	S13	S14	S15	S16	S17	S18	S19
S1	0	0	0	0	0	0	0	0	0	0	0	0	0	0	0	0	0	0	0
S2	1	0	0	0	0	0	0	0	0	0	0	0	0	0	0	0	0	0	0
S3	1	1	0	0	0	0	0	0	0	0	0	0	0	0	0	0	0	0	0
S4	1	1	0	0	0	0	0	1	0	0	0	0	0	0	0	0	0	0	0
S5	1	1	0	0	0	0	0	1	0	0	0	0	0	1	0	0	0	0	0
S6	1	1	0	1	0	0	0	1	0	0	0	0	0	0	0	0	0	0	0
S7	1	1	0	0	0	0	0	0	0	0	0	0	0	0	0	0	1	0	0
S8	1	0	0	0	0	0	0	0	0	0	0	0	0	0	0	0	0	0	0
S9	1	0	0	0	0	0	0	1	0	0	0	0	0	1	0	0	0	0	0
S10	1	0	0	0	0	0	0	1	0	0	0	1	0	1	0	0	0	0	0
S11	1	0	0	0	0	0	0	1	0	0	0	0	0	1	0	0	0	0	0
S12	1	0	0	0	0	0	0	1	0	1	0	0	0	1	0	0	0	0	0
S13	1	1	0	1	0	0	0	0	0	0	0	0	0	0	0	0	0	0	0
S14	1	0	0	0	0	0	0	1	0	0	0	0	0	0	0	0	0	0	0
S15	1	1	1	0	0	0	0	0	0	0	0	0	0	0	0	1	0	0	0
S16	1	1	1	0	0	0	0	0	0	0	0	0	0	0	1	0	0	0	0
S17	1	1	1	0	0	0	0	0	0	0	0	0	0	0	0	0	0	0	0
S18	0	0	0	0	0	0	0	0	0	0	0	0	0	0	0	0	0	0	0
S19	0	0	0	0	0	0	0	0	0	0	0	0	0	0	0	0	0	0	0

通过对学生判断的分析,学生对锻炼习惯概念的初步判断与之前研究的概念特征基本上吻合,只是在社会适应的团结合作和竞争意识方面存在着差异。

3.2.2 生成可达矩阵

可达矩阵(reachability matrix)是指用矩阵形式来描述有向连接图各节点之间,经过一定长度的通路后可以到达的程度。可达矩阵 R 有一个重要特性,即推移律特性。当 Si 经过长度为 l 的通路直接到达 Sk,而 Sk 经过长度为 l 的通路直接到达 Sj,那么,Si 经过长度为2的通路必可到达 Sj,通过推移律进行演算,这就是矩阵演算的特点。所以说,可达矩阵可以应用邻接矩阵 A 加上单位矩阵 I,并经过一定的演算后求得(汪应洛,2003)。根据表 5 - 4 的邻接矩阵,采用布尔代数运算规则(即 $0+0=0$ $0+1=1,1+0=1,1+1=1,0\times0=0,0\times1=0,1\times0=01\times1=1$)进行运算后可达矩阵(见表 4 - 5)。

表 4 - 5 可达矩阵 M

	S1	S2	S3	S4	S5	S6	S7	S8	S9	S10	S11	S12	S13	S14	S15	S16	S17	S18	S19
S1	1	0	0	0	0	0	0	0	0	0	0	0	0	0	0	0	0	0	0
S2	1	1	0	0	0	0	0	0	0	0	0	0	0	0	0	0	0	0	0
S3	1	1	1	0	0	0	0	0	0	0	0	0	0	0	0	0	0	0	0
S4	1	1	0	1	0	0	0	1	0	0	0	0	0	0	0	0	0	0	0
S5	1	0	0	0	1	0	0	1	0	0	0	0	0	1	0	0	0	0	0
S6	1	1	0	1	0	1	0	1	0	0	0	0	0	0	0	0	0	0	0
S7	1	1	1	0	0	0	1	0	0	0	0	0	0	0	0	0	0	0	0
S8	1	0	0	0	0	0	0	1	0	0	0	0	0	0	0	0	0	0	0
S9	1	0	0	0	0	0	0	1	1	0	0	0	0	1	0	0	0	0	0
S10	1	0	0	0	0	0	0	1	0	1	0	1	0	1	0	0	0	0	0
S11	1	0	0	0	0	0	0	1	0	0	1	0	0	1	0	0	0	0	0
S12	1	0	0	0	0	0	0	1	0	1	0	1	0	1	0	0	0	0	0
S13	1	1	0	0	0	0	0	1	0	0	0	0	1	0	0	0	0	0	0
S14	1	0	0	0	0	0	0	1	0	0	0	0	0	1	0	0	0	0	0
S15	1	1	1	0	0	0	0	0	0	0	0	0	0	0	1	1	0	0	0

续表

	S1	S2	S3	S4	S5	S6	S7	S8	S9	S10	S11	S12	S13	S14	S15	S16	S17	S18	S19
S16	1	1	1	0	0	0	0	0	0	0	0	0	0	0	0	1	1	0	0
S17	1	1	1	0	0	0	0	0	0	0	0	0	0	0	0	0	1	0	0
S18	0	0	0	0	0	0	0	0	0	0	0	0	0	0	0	0	0	1	0
S19	0	0	0	0	0	0	0	0	0	0	0	0	0	0	0	0	0	0	1

3.2.3　级间划分

所谓级间划分,就是将系统中的所有要素,以可达矩阵为准则,划分成不同级(层)次。由要素的可达集和先行集的定义,可以得到这样一个事实:在一个多级结构中,它的最上级的要素 Si 的可行集 $R(Si)$,只能由 Si 本身和 Si 的强连接要素组成。所谓两要素的强连接是指这两个要素互为可达的,在有向连接图中表现为都有箭线指向对方。具有强连接性的要素称为强连接要素;另一方面,最高级要素 Si 的先行集也只能由 Si 本身和结构中的下一级可能达到 Si 的要素以及 Si 的强连接元素构成。因此,如果 Si 是最上一级单元,它必须满足下述条件:

$$R(Si) = R(Si) \bigcap A(Si)$$

这样,就可用这一条件,确定出结构的最高一级要素。找出最高级要素后,即可将其从可达短阵中划去相应的行和列。接着,再从剩下的可达短阵中寻找新的最高级要素。依次类推,就可以找出各级所包含的最高级要素集合。

根据表 4-5 可达矩阵,找出每个要素的可达集、先行集和共集,形成第一级的可达集和先行集(见表 4-6)。

表 4-6　第一级的可达集和先行集

Si	可达集 $R(Si)$	先行集 $A(Si)$	共集 $R \bigcap A$
1	1	1,2,3,4,5,6,7,8,9,10,11,12,13,14,15,16,17,18	1
2	1,2	2,3,4,5,6,7	2

Si	可达集 $R(Si)$	先行集 $A(Si)$	共集 $R \cap A$
3	1,2,3	3	3
4	1,2,4	4	4
5	1,2,5,8	5	5
6	1,2,4,6,8	6	6
7	1,2,3,7,17	7	7
8	1,5,8,9,11,14	5,8,9,11,14	5,8,9,11,14
9	1,8,9,14	9	9
10	1,10,12,17	10,12	10,12
11	1,8,11	11	11
12	1,10,12,17	10,12	10,12
13	1,13,17	13	13
14	1,8,14	14	14
15	1,15,17	15	15
16	1,16,17	16	16
17	1,10,12,13,15,16,17,18	10,12,13,15,16,17,18	10,12,13,15,16,17,18
18	1,17,18	18	18
19	19	19	19

S19 的可达集和先行集除了自己以外没有其他要素,说明与其他要素没有关系,因此,与本系统无关,应首先删除。除了 S19 外,该级只有 $R(S1) \cap A(S1) = R(S1)$,则第一层要素为{S1},划去可达矩阵中 S1 所对应的行和列,得到第二级的可达集与先行集(见表 4-7)。

表 4-7 第二级的可达集和先行集

Si	可达集 $R(Si)$	先行集 $A(Si)$	共集 $R \cap A$
2	2	2,3,4,5,6,7	2
3	2,3	3	3

S_i	可达集 $R(S_i)$	先行集 $A(S_i)$	共集 $R \cap A$
4	2,4	4	4
5	2,5,8	5	5
6	2,4,6,8	6	6
7	2,3,7,17	7	7
8	5,8,9,11,14	5,8,9,11,14	5,8,9,11,14
9	8,9,14	9	9
10	10,12,17	10,12	10,12
11	8,11	11	11
12	10,12,17	10,12	10,12
13	13,17	13	13
14	8,14	14	14
15	15,17	15	15
16	16,17	16	16
17	10,12,13,15,16,17,18	10,12,13,15,16,17,18	10,12,13,15,16,17,18
18	17,18	18	18

在第二级的可达集和先行集中，只有 $R(S2) \cap A(S2) = R(S2)$，$(S8) \cap A(S8) = R(S8)$ 和 $R(S17) \cap A(S17) = R(S17)$，则第二层要素为 $\{S2, S8, S17\}$，划去可达矩阵中 S2、S8 和 S17 所对应的行和列，得到第三级的可达集与先行集（见表 4-8）。

表 4-8　第三级的可达集和先行集

S_i	可达集 $R(S_i)$	先行集 $A(S_i)$	共集 $R \cap A$
3	3	3	3
4	4	4	4
5	5	5	5
6	4,6	6	6

Si	可达集 $R(Si)$	先行集 $A(Si)$	共集 $R \bigcap A$
7	3,7	7	7
9	9,14	9	9
10	10,12	10,12	10,12
11	11	11	11
12	10,12	10,12	10,12
13	13	13	13
14	14	14	14
15	15	15	15
16	16	16	16
18	18	18	18

第三级所有的可达集和前因集,都符合有 $R(Si) \bigcap A(Si) = R(Si)$,则第三层要素为{S3, S4, S5, S6, S7, S9, S10, S11, S12, S13, S14, S15, S16, S18}。

通过对可达矩阵 **M** 的三级划分,可以把除了 S19 以外的 18 个要素划分为 3 个等级:$L = \{L1, L2, L3\}$;$L1 = \{S1\}$;$L2 = \{S2, S8, S17\}$;$L3 = \{S3, S4, S5, S6, S7, S9, S10, S11, S12, S13, S14, S15, S16, S18\}$,通过级间划分,得出可达矩阵 **M**0,并按等级间顺序排列(见表 4-9)。

表 4-9 级间划分的可达矩阵 M0

	$S1$	$S2$	$S8$	$S17$	$S3$	$S4$	$S5$	$S6$	$S7$	$S9$	$S10$	$S11$	$S12$	$S13$	$S14$	$S15$	$S16$	$S18$	层次
$S1$	1	0	0	0	0	0	0	0	0	0	0	0	0	0	0	0	0	0	L1
$S2$	1	1	0	0	0	0	0	0	0	0	0	0	0	0	0	0	0	0	
$S8$	1	0	1	0	0	0	0	0	0	0	0	0	0	0	0	0	0	0	L2
$S17$	1	0	0	1	0	0	0	0	0	0	0	0	0	0	0	0	0	0	
$S3$	1	1	0	0	1	0	0	0	0	0	0	0	0	0	0	0	0	0	
$S4$	1	1	0	0	0	1	0	0	0	0	0	0	0	0	0	0	0	0	L3

	S1	S2	S8	S17	S3	S4	S5	S6	S7	S9	S10	S11	S12	S13	S14	S15	S16	S18	层次
S5	1	1	1	0	0	0	1	0	0	0	0	0	0	0	0	0	0	0	
S6	1	1	0	0	0	0	0	1	0	0	0	0	0	0	0	0	0	0	
S7	1	1	0	1	0	0	0	0	1	0	0	0	0	0	0	0	0	0	
S9	1	0	1	0	0	0	0	0	0	0	1	0	0	0	0	0	0	0	
S10	1	0	0	1	0	0	0	0	0	0	1	0	1	0	0	0	0	0	
S11	1	0	1	0	0	0	0	0	0	0	0	1	0	0	0	0	0	0	L3
S12	1	0	0	1	0	0	0	0	0	0	1	0	1	0	0	0	0	0	
S13	1	0	0	1	0	0	0	0	0	0	0	0	0	1	0	0	0	0	
S14	1	0	1	0	0	0	0	0	0	0	0	0	0	0	1	0	0	0	
S15	1	0	0	1	0	0	0	0	0	0	0	0	0	0	0	1	0	0	
S16	1	0	0	1	0	0	0	0	0	0	0	0	0	0	0	0	1	0	
S18	1	0	0	1	0	0	0	0	0	0	0	0	0	0	0	0	0	1	

3.2.4　缩减可达矩阵

在可达矩阵 $M0$ 中,$S10$ 和 $S12$ 的行和列的元素完全相同,为强连通块,再加上自我评价更通俗些,所以选取 $S12$ 为代表元素。这样将可删除可达矩阵 $M0$ 中,$S10$ 的行和列,得到缩减可达矩阵(见表 4-10)。

表 4-10　缩减可达矩阵

	S1	S2	S8	S17	S3	S4	S5	S6	S7	S9	S11	S12	S13	S14	S15	S16	S18	层次
S1	1	0	0	0	0	0	0	0	0	0	0	0	0	0	0	0	0	L1
S2	1	1	0	0	0	0	0	0	0	0	0	0	0	0	0	0	0	
S8	1	0	1	0	0	0	0	0	0	0	0	0	0	0	0	0	0	L2
S17	1	0	0	1	0	0	0	0	0	0	0	0	0	0	0	0	0	
S3	1	1	0	0	1	0	0	0	0	0	0	0	0	0	0	0	0	
S4	1	1	0	0	0	1	0	0	0	0	0	0	0	0	0	0	0	L3
S5	1	1	1	0	0	0	1	0	0	0	0	0	0	0	0	0	0	

	S1	S2	S8	S17	S3	S4	S5	S6	S7	S9	S11	S12	S13	S14	S15	S16	S18	层次
S6	1	1	0	0	0	0	0	1	0	0	0	0	0	0	0	0	0	
S7	1	1	0	1	0	0	0	0	1	0	0	0	0	0	0	0	0	
S9	1	0	1	0	0	0	0	0	0	1	0	0	0	0	0	0	0	
S11	1	0	1	0	0	0	0	0	0	0	1	0	0	0	0	0	0	
S12	1	0	0	1	0	0	0	0	0	0	0	1	0	0	0	0	0	L3
S13	1	0	0	0	0	0	0	0	0	0	0	0	1	0	0	0	0	
S14	1	0	1	0	0	0	0	0	0	0	0	0	0	1	0	0	0	
S15	1	0	0	1	0	0	0	0	0	0	0	0	0	0	1	0	0	
S16	1	0	0	0	0	0	0	0	0	0	0	0	0	0	0	1	0	
S18	1	0	0	1	0	0	0	0	0	0	0	0	0	0	0	0	1	

3.2.5 生成骨干可达矩阵

骨干矩阵 S 是为了保持可达性,得到最少的矩阵。删除缩减可达矩阵 M 中的表示间接关系的 1,得到骨干矩阵 S(见表 4-11)。

表 4-11 骨干矩阵 S

	S1	S2	S8	S17	S3	S4	S5	S6	S7	S9	S11	S12	S13	S14	S15	S16	S18	层次
S1																		L1
S2	1																	
S8	1																	L2
S17	1																	
S3		1	0	0														
S4		1	0	0														
S5		1	1	0														
S6		1	0	0														L3
S7		1	0	1														
S9		0	1	0														

	$S1$	$S2$	$S8$	$S17$	$S3$	$S4$	$S5$	$S6$	$S7$	$S9$	$S11$	$S12$	$S13$	$S14$	$S15$	$S16$	$S18$	层次
$S11$		0	1	0														
$S12$		0	0	1														
$S13$		0	0	1														
$S14$		0	1	0														$L3$
$S15$		0	0	1														
$S16$		0	0	1														
$S18$		0	0	1														

3.2.6　递阶有向图

根据骨干矩阵 S 的要素和关系,得出分级递阶结构模型,$S10$ 和 $S12$ 为强连通块,它们之间构成回路,在分级递阶结构模型中增加 $S12$,得到完整的分级递阶结构模型(见图 4 - 1)。

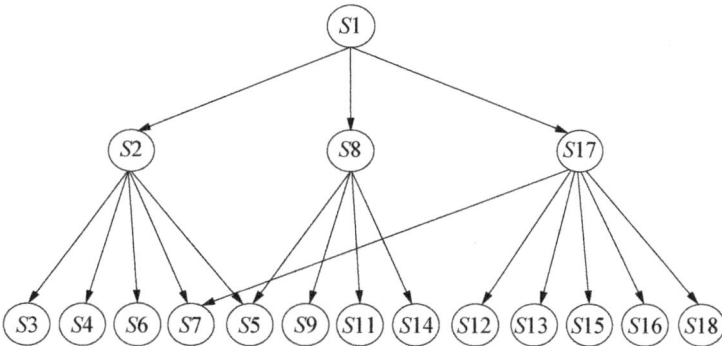

图 4 - 1　体育锻炼习惯概念结构模型图

3.3　确定青少年体育锻炼习惯概念解释结构模型

根据图 4 - 1 显示的内容,将相应的要素名称代入,得到青少年体育锻炼习惯概念模型的解释结构模型(见图 4 - 2)。

如图 4 - 2 所示,青少年锻炼习惯概念解释结构模型由三层结构构成,模型的顶层是已形成的锻炼习惯,它是否形成直接决定第二层的锻炼

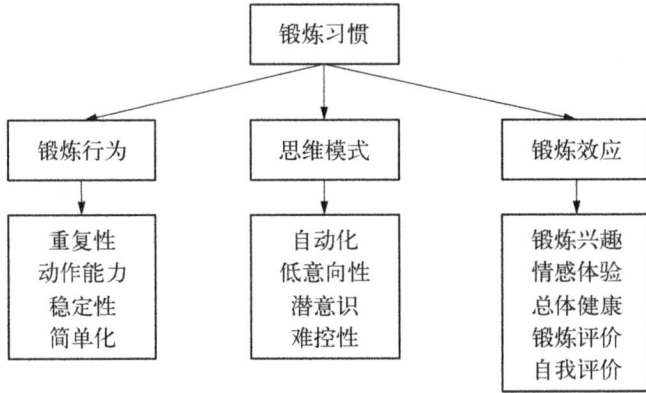

图 4-2　体育锻炼习惯概念模型

行为、思维模式和锻炼效应,主要反映锻炼习惯的实质。模型的第二层是锻炼习惯的三个组成部分,模型的第三层是锻炼习惯的具体表现。

4. 结论

4.1　体育锻炼习惯的概念

体育锻炼习惯,是指在特定情境下,通过反复的锻炼实践形成的具有积极效应的、相对稳定的、自动化的行为定势和思维模式。锻炼行为定势是指重复先前的锻炼行为所引起的一种心理准备状态。它影响锻炼行为的倾向性,可能会使人们以某种习惯的方式对刺激情境作出反应,并影响锻炼习惯能否顺利养成。锻炼思维模式是指人们在体育锻炼实践中,积累的经验的抽象和升华。简单地说,就是从不断重复出现的事件中发现和抽象出的规律,是在锻炼习惯形成过程中形成的经验的高度归纳总结。只要是一再重复出现的锻炼行为,就会自动化地存在某种模式。

4.2　体育锻炼习惯的主要特征

锻炼行为的稳定性是变动不定的环境中相对稳定的联系。锻炼习惯的稳定性也表现为它的重复性、普遍性。稳定性是锻炼习惯产生的前提。

体育锻炼习惯的行为必须是一种稳定的行为,行为的发生是对特定情境刺激的反应,包括稳定的锻炼的频率以及锻炼情境。

锻炼行为的重复性。一般认为,锻炼的重复性是指锻炼的行为和结果均可重复,一个具有锻炼习惯的人的锻炼行为不会因时间、空间、环境等变化而变化。而锻炼的积极效应是行为不断重复的根本动力,视为用来解决特殊转变,为一般的手段之一,受环境变化的影响较小。

锻炼效果的积极性。锻炼的积极效应包括生理、心理和社会适应三方面的维度,即生理上的身体健康,健康体适能和技能体适能水平相对较高,具有较高水平的运动能力、和谐的人际关系以及积极的情感体验。效果的积极性也是区分好坏习惯的标准。

锻炼行为的自动化。随着锻炼行为和情景的巩固和发展,可以在低意识控制下进行锻炼,即出现自动化,不需要经过太多的大脑判断和思考的情况下做出的行为。动作自动化后,工作效率提高,出现能量节省化,行为动作难以控制,较低的锻炼意向性,并伴随着积极的心理效率。但是,即使达到动作自动化阶段后,当环境变化使自动化受阻时,动作又会成为有意识的。

第 2 节　青少年体育锻炼习惯问卷的编制

1. 研究目的

前人的研究表明,表现出来的体育锻炼习惯其实是一种行为和心理状态,到目前为止还没有形成一套有效的理论来指导其实际操作。所以,本研究借鉴美国运动心理学家 Scanlan 等人提出的锻炼参与和坚持的锻炼承诺理论,在青少年体育锻炼的情境下,根据青少年体育锻炼习惯主要包括四大方面特征:行为的稳定性、行为的可重复性、行为自动化以及效果积极性。编制青少年体育锻炼习惯问卷,更深层次地探索体育锻炼习惯。

2. 研究方法

2.1 被试

研究的被试为上海和江苏两地普通高校的青少年,随机选取 412 名青少年,(男=238,女=174),平均年龄 20.63($SD=0.6$),这些学生来自 5 所不同的大学(华东师范大学、南京大学、扬州大学、华东理工大学、河海大学),统计能够有规律地参加体育锻炼,每周 3 次(包括 2 次体育课),每次 30 分钟以上,中等以上强度的学生仅 92 人,占总人数的 23.0%,低于 2001 年中国群众体育现状调查的结果年龄段为 16～25 岁的体育人口数量(占该年龄段总数的 33.4%),另外还有 76 人不参加体育锻炼,占总数的 19.0%。由此说明,大三、大四同学在修完体育课后,继续坚持锻炼的很少,养成体育锻炼习惯的则更少。

2.2 研究工具

本研究是以 Scanlan 等人(1993)提出的关注坚持运动和动机的运动承诺模型(the Sport Commitment Model)为理论依据。根据之前的研究,对访谈和调查条目进行归类、汇总,得到不同类别特征条目的频次和主要性排序。在此基础上,初拟青少年体育锻炼习惯问卷(见附录 3)。量表采用 Likert 量表,5 个备选答案分别为"非常不同意""不同意""既不同意也不反对""同意""非常同意"。测量条目经过 5 位专家审阅,认为符合运动承诺理论模型,能够对青少年的相关问题进行测量,与其相关的共 36 个测试题,分别测量 4 个方面的变量。

2.3 研究过程

第一,根据对锻炼承诺理论和锻炼习惯的概念模型的研究和访谈编制问卷初稿。

第二,预测和修改初始问卷。抽取一定数量的青少年进行初测,主要采取验证性分析方法——结构方程模型(SEM)的极大似然法(Maxmium Likelihood,简称 ML)来评估每个测量项目的特征,考察各题项的均值、标准差、偏度。剔除区分度、难度有问题的项目。然后,对数据进行探索性因素分析,考察青少年体育锻炼习惯的问卷结构,同时剔除负荷低的项目,形成正式问卷。

第三,对问卷的信度和效度进行分析。抽取与初测相似的被试,施测青少年体育锻炼习惯正式问卷,采取克朗巴奇(Cronbach)α 系数考察量表的内部一致性信度,运用重测信度研究问卷的稳定性,最终确定问卷的信度。然后,对于模型效度的考察,通过对分量表的区分和汇聚效度进行考察。对于分量表的区分采用验证性因子分析(CFA)。对于汇聚效度,考查了每个构想概念的测量项目——因子的负荷值。

3. 研究结果

3.1　问卷项目的描述性统计

为评估每个测量项目的特征,对各项的均值、标准差、偏度、峰度进行统计(见表 4 - 12),调查结果显示,所有项目的偏度和峰度绝对值都远小于 2,说明量表条目的数据分布满足正态分布,大部分条目的标准差都大于 1,小于 1 的条目表明在鉴别不同被试的程度上可能存在一定的问题,所以,一般删除小于 1 的条目项。只有第 36 个条目的标准差是小于 1 的,予以剔除。由于本研究的对象是在校青少年群体,被试各方面的特征较一致,被试回答的集中更可能是研究对象的真实特征的反应。所以为进一步分析各条目的鉴别度,对其条目进行项目分析,计算各条目的临界比率,其求法是将所有受试者在预试量表的得分总和依高低排列,得分前 25%～33%者为高分组,得分后 25%～33%者为低分组,求出高低两组受试者在每题得分平均数差异的显著性检验(多数数据分析时,均以测验总分最高的 27%及最低的 27%,作为高低分组界限)。项目分析结果表明(见表4-13),在36个条目中,绝大多数条目的区分度都非常高,其中第27、34个条目的区分度不够高,予以剔除,从而说明编制的初始问卷中绝大部分条目的鉴别能力都非常高,这样共有33个条目进入到下一步的因素分析程序之中。

表4-12　量表各题项的均值、标准差、偏度和峰度值

	均　值	标准差	偏　度	峰　度
S1	3.696 1	1.168 46	−0.398	−0.928
S2	3.754 9	1.215 14	−0.567	−0.888
S3	3.534 3	1.276 46	−0.264	−1.199
S4	3.867 6	1.206 36	−0.797	−0.402
S5	3.593 1	1.381 14	−0.405	−1.196
S6	3.799 0	1.272 60	−0.601	−0.892
S7	3.799 0	1.253 09	−0.675	−0.702
S8	3.931 4	1.273 14	−0.796	−0.700
S9	3.431 4	1.157 62	−0.437	−0.619
S10	3.617 6	1.145 08	−0.541	−0.671
S11	4.068 6	1.217 77	−1.008	−0.281
S12	3.848 0	1.290 91	−0.823	−0.532
S13	3.632 4	1.258 32	−0.490	−0.859
S14	4.014 7	1.142 45	−0.870	−0.352
S15	3.436 3	1.191 45	−0.209	−1.034
S16	3.715 7	1.230 78	−0.499	−1.009
S17	3.799 0	1.205 00	−0.664	−0.630
S18	3.696 1	1.284 92	−0.428	−1.138
S19	3.676 5	1.244 98	−0.463	−0.942
S20	3.852 9	1.330 93	−0.753	−0.834

	均　值	标准差	偏　度	峰　度
S21	3.808 8	1.210 68	−0.535	−0.954
S22	3.387 3	1.271 92	−0.397	−0.878
S23	3.647 1	1.188 18	−0.444	−0.745
S24	3.818 6	1.283 26	−0.715	−0.720
S25	3.784 3	1.264 35	−0.635	−0.836
S26	3.838 2	1.254 87	−0.763	−0.600
S27	2.705 9	1.022 78	0.254	−0.251
S28	3.534 3	1.120 26	−0.172	−1.113
S29	3.519 6	1.102 89	−0.095	−0.904
S30	3.769 6	1.002 88	−0.352	−0.699
S31	3.622 5	1.078 08	−0.107	−1.172
S32	3.710 8	1.153 14	−0.408	−1.138
S33	3.485 3	1.303 57	−0.378	−0.990
S34	2.490 2	1.120 74	0.512	−0.265
S35	3.490 2	1.233 72	−0.176	−1.085
S36	2.848 0	.877 44	0.523	0.057

3.2　问卷的因素分析

3.2.1　探索性因素分析

在探索性因素分析中,采用主成分分析法和方差最大法(Varimax)进行正交叉旋转。本研究中确定条目的标准有三个:一是因素的特征值大于1;二是每个因素不能少于3个条目;三是碎石图的陡坡度,在陡坡图中,如果因素变异量图形呈现由斜坡转为平坦,平坦状态以后的共同因素可以去掉。

在进行探索性因素分析之前,首先进行 KMO(Kaiser-Meyer-Olkin)和巴特利特(Bartlett)检验。KMO 和巴特利特球形检验系数分析结果表

表 4 - 13 36 个条目的项目分析结果

| | | 莱文方差齐性检验 | | t-test for Equality of Means（平均数 t 检验） | | | | | | 偏差的 95% 的置信区间 | |
		F	Sig.	t 检验	自由度	Sig	MD	SED	上限	下限
S1	EVA	4.983	0.027	−9.486	202	0.000	−1.294 12	0.136 43	−1.563 12	−1.025 11
	EVNA			−9.486	183.011	0.000	−1.294 12	0.136 43	−1.563 29	−1.024 95
S2	EVA	10.925	0.001	−12.061	202	0.000	−1.568 63	0.130 06	−1.825 07	−1.312 19
	EVNA			−12.061	180.864	0.000	−1.568 63	0.130 06	−1.825 25	−1.312 00
S3	EVA	4.511	0.035	−15.419	202	0.000	−1.872 55	0.121 44	−2.112 00	−1.633 10
	EVNA			−15.419	194.848	0.000	−1.872 55	0.121 44	−2.112 06	−1.633 04
S4	EVA	33.854	0.000	−13.798	202	0.000	−1.676 47	0.121 50	−1.916 05	−1.436 89
	EVNA			−13.798	139.555	0.000	−1.676 47	0.121 50	−1.916 70	−1.436 25
S5	EVA	0.060	0.807	−11.522	202	0.000	−1.735 29	0.150 60	−2.032 25	−1.438 34
	EVNA			−11.522	200.933	0.000	−1.735 29	0.150 60	−2.032 26	−1.438 33
S6	EVA	35.504	0.000	−16.656	202	0.000	−1.931 37	0.115 96	−2.160 01	−1.702 73
	EVNA			−16.656	145.976	0.000	−1.931 37	0.115 96	−2.160 54	−1.702 20
S7	EVA	23.379	0.000	−13.410	202	0.000	−1.715 69	0.127 94	−1.967 96	−1.463 41
	EVNA			−13.410	156.711	0.000	−1.715 69	0.127 94	−1.968 40	−1.462 97

续表

| | | 莱文方差齐性检验 | | t-test for Equality of Means（平均数 t 检验） | | | | | 偏差的 95% 的置信区间 | |
		F	Sig.	t 检验	自由度	Sig	MD	SED	上限	下限
S8	EVA	29.498	0.000	−9.892	202	0.000	−1.450 98	0.146 69	−1.740 21	−1.161 75
	EVNA			−9.892	178.883	0.000	−1.450 98	0.146 69	−1.740 44	−1.161 52
S9	EVA	2.449	0.119	−10.502	202	0.000	−1.372 55	0.130 69	−1.630 24	−1.114 85
	EVNA			−10.502	201.949	0.000	−1.372 55	0.130 69	−1.63 024	−1.114 85
S10	EVA	28.982	0.000	−10.215	202	0.000	−1.333 33	0.130 52	−1.590 70	−1.075 97
	EVNA			−10.215	159.942	0.000	−1.333 33	0.130 52	−1.591 11	−1.075 56
S11	EVA	167.090	0.000	−13.702	202	0.000	−1.686 27	0.123 06	−1.928 93	−1.443 62
	EVNA			−13.702	112.180	0.000	−1.686 27	0.123 06	−1.930 10	−1.442 44
S12	EVA	39.363	0.000	−11.943	202	0.000	−1.656 86	0.138 73	−1.930 42	−1.383 31
	EVNA			−11.943	152.057	0.000	−1.656 86	0.138 73	−1.930 96	−1.382 77
S13	EVA	8.284	0.004	−13.305	202	0.000	−1.715 69	0.128 95	−1.969 95	−1.461 42
	EVNA			−13.305	187.110	0.000	−1.715 69	0.128 95	−1.970 07	−1.461 30
S14	EVA	53.506	0.000	−10.841	202	0.000	−1.382 35	0.127 51	−1.633 78	−1.130 93
	EVNA			−10.841	154.287	0.000	−1.382 35	0.127 51	−1.634 25	−1.130 46

| | | 莱文方差齐性检验 | | t-test for Equality of Means（平均数 t 检验） | | | | | 偏差的 95%的置信区间 | |
		F	Sig.	t检验	自由度	Sig	MD	SED	上限	下限
S15	EVA	0.918	0.339	−11.816	202	0.000	−1.519 61	0.128 61	−1.773 20	−1.266 02
	EVNA			−11.816	201.729	0.000	−1.519 61	0.128 61	−1.773 20	−1.266 01
S16	EVA	15.952	0.000	−15.033	202	0.000	−1.784 31	0.118 69	−2.018 35	−1.550 28
	EVNA			−15.033	181.702	0.000	−1.784 31	0.118 69	−2.018 51	−1.550 12
S17	EVA	4.428	0.037	−8.063	202	0.000	−1.186 27	0.147 12	−1.476 37	−.896 18
	EVNA			−8.063	197.314	0.000	−1.186 27	0.147 12	−1.476 41	−.896 14
S18	EVA	13.031	0.000	−14.076	202	0.000	−1.803 92	0.128 15	−2.056 61	−1.551 23
	EVNA			−14.076	179.330	0.000	−1.803 92	0.128 15	−2.056 81	−1.551 04
S19	EVA	13.337	0.000	−14.676	202	0.000	−1.784 31	0.121 58	−2.024 04	−1.544 59
	EVNA			−14.676	173.088	0.000	−1.784 31	0.121 58	−2.024 28	−1.544 35
S20	EVA	90.119	0.000	−14.285	202	0.000	−1.882 35	0.131 77	−2.142 18	−1.622 53
	EVNA			−14.285	124.233	0.000	−1.882 35	0.131 77	−2.143 16	−1.621 54
S21	EVA	23.120	0.000	−17.444	202	0.000	−1.872 55	0.107 35	−2.084 22	−1.660 88
	EVNA									
S22	EVA	7.729	0.006	−10.627	202	0.000	−1.519 61	0.142 99	−1.801 55	−1.237 66
	EVNA			−10.627	197.147	0.000	−1.519 61	0.142 99	−1.801 59	−1.237 62

续表

| | | 莱文方差齐性检验 | | t-test for Equality of Means（平均数 t 检验） | | | | | 偏差的 95%的置信区间 | |
		F	Sig.	t 检验	自由度	Sig	MD	SED	上限	下限
S23	EVA	3.565	0.060	−9.463	202	0.000	−1.313 73	0.138 83	−1.587 47	−1.039 98
	EVNA			−9.463	181.125	0.000	−1.313 73	0.138 83	−1.587 66	−1.039 79
S24	EVA	28.701	0.000	−14.266	202	0.000	−1.813 73	0.127 14	−2.064 41	−1.563 04
	EVNA			−14.266	165.736	0.000	−1.813 73	0.127 14	−2.064 74	−1.562 71
S25	EVA	12.003	0.001	−13.617	202	0.000	−1.746 10	0.128 15	−1.997 79	−1.492 41
	EVNA			−13.617	189.629	0.000	−1.745 10	0.128 15	−1.997 89	−1.492 31
S26	EVA	26.252	0.000	−13.090	202	0.000	−1.696 08	0.129 57	−1.951 56	−1.440 60
	EVNA			−13.090	162.679	0.000	−1.696 08	0.129 57	−1.951 93	−1.440 22
S27	EVA	6.347	0.013	0.821	202	0.413	0.117 65	0.143 33	−.164 97	0.400 27
	EVNA			0.821	195.991	0.413	0.117 65	0.143 33	−0.165 03	0.400 32
S28	EVA	1.664	0.199	−14.177	202	0.000	−1.578 43	0.111 33	−1.797 96	−1.358 91
	EVNA			−14.177	199.233	0.000	−1.578 43	0.111 33	−1.797 98	−1.358 89
S29	EVA	2.905	0.090	−7.432	202	0.000	−1.019 61	0.137 19	−1.290 12	−0.749 09
	EVNA			−7.432	202.000	0.000	−1.019 61	0.137 19	−1.290 12	−0.749 09

续表

		莱文方差齐性检验		t-test for Equality of Means（平均数 t 检验）					偏差的 95% 的置信区间	
		F	Sig.	t 检验	自由度	Sig	MD	SED	上限	下限
S30	EVA	0.023	0.880	−7.884	202	0.000	−0.970 59	0.123 11	−1.213 33	−0.727 85
	EVNA			−7.884	201.273	0.000	−0.970 59	0.123 11	−1.213 33	−0.727 85
S31	EVA	0.050	0.823	−8.748	202	0.000	−1.127 45	0.128 88	−1.381 57	−0.873 33
	EVNA			−8.748	198.043	0.000	−1.127 45	0.128 88	−1.381 60	−0.873 30
S32	EVA	12.659	0.000	−8.748	202	0.000	−1.205 88	0.137 85	−1.477 70	−0.934 07
	EVNA			−8.748	192.349	0.000	−1.205 88	0.137 85	−1.477 78	−0.933 98
S33	EVA	5.963	0.015	−7.750	202	0.000	−1.245 10	0.160 65	−1.561 87	−0.928 32
	EVNA			−7.750	193.923	0.000	−1.245 10	0.160 65	−1.561 95	−0.928 24
S34	EVA	5.685	0.018	0.749	202	0.455	0.117 65	0.157 11	−.192 13	0.427 42
	EVNA			0.749	192.730	0.455	0.117 65	0.157 11	−.192 22	0.427 51
S35	EVA	0.963	0.328	−9.951	202	0.000	−1.411 76	0.141 86	−1.691 49	−1.132 04
	EVNA			−9.951	201.953	0.000	−1.411 76	0.141 86	−1.691 49	−1.132 04
S36	EVA	1.117	0.292	−2.673	202	0.008	−0.323 53	0.121 05	−0.562 21	−0.084 85
	EVNA			−2.673	201.781	0.008	−323 53	0.121 05	−0.562 21	−0.084 85

明(见表 4-14),每一次探索性因素分析之前,都对 KMO 和巴特利特进行检验,共进行了三次探索性因素分析,巴特利特球形检验卡方值为 6 337.078,都达到了显著性水平,球形假设被拒绝,表明问卷项目间并非独立,取值是有效的。抽样合适性度量值 KMO 为 0.939,探索性因素分析 KMO 值都在 0.50 以上,表明问卷各个项目间的相关程度无太大差异,数据非常适合做因子分析。可见,两个指标的结果都说明数据非常适合做探索性因素分析。

表 4-14　KMO 和巴特利特球形检验系数

取样足够度的 KMO	度　　量	0.939
巴特利特的球形度检验	近似卡方	6 337.078
	df	325
	p	0.000

在探索性因素分析中,采用主成分分析法和方差最大法进行正交叉旋转,表 4-15 结果表明,累计可以解释总体变异的 67.146%。对碎石图进行观察,第三因素以后的数据呈现明显平缓趋势,为此,拟对条目进行删除。首先,删除了一些意义重复的项目(项目之间相关系数明显偏大),同时请专家对条目进行评判,删除了一个项目中可能同时反映几个特征的条目,以及因素负荷小于 0.5 的项目,相继删除 7 个条目,最终获得三

表 4-15　三个因素的特征值和贡献率

成分	初始特征值			提取平方和载入			旋转平方和载入		
	合计	方差的%	累积%	合计	方差的%	累积%	合计	方差的%	累积%
1	11.214	43.131	43.131	11.214	43.131	43.131	5.889	22.650	22.650
2	2.100	8.076	51.207	2.100	8.076	51.207	4.763	18.321	40.971
3	1.544	5.939	67.146	1.544	5.939	67.146	4.206	16.175	67.146

提取方法:主成分分析。

因素 26 个条目的问卷(见表 4 - 16),此问卷的三个因素可以解释问卷变异的 67.146%。

表 4 - 16　最终问卷的因素结构

	因　　　素		
	思维模式	锻炼效果	锻炼行为
V3	0.625		
V5	0.607		
V8	0.579		
V11	0.682		
V12	0.769		
V15	0.676		
V18	0.710		
V20	0.786		
V21	0.742		
V24	0.687		
V26	0.741		
V1			0.700
V4			0.712
V7			0.701
V10			0.712
V14			0.657
V17			0.685
V23			0.756
V2		0.738	0.123
V6		0.598	0.362
V9		0.625	0.099
V13		0.734	0.111
V16		0.793	0.228

	因　　　素		
	思维模式	锻炼效果	锻炼行为
V19		0.746	0.232
V22		0.677	0.233
V25		0.682	0.321

提取方法：主成分分析法。

旋转法：具有 Kaiser 标准化的正交叉旋转法。

a. 旋转在 6 次迭代后收敛。

3.2.2　验证性因素分析

在量表或问卷编制的基础上，通过上述探索性因素分析，求得量表的最佳因素结构，建立了问卷的构建效度，量表的各因素和题项均已固定，为了探索量表的因素结构模型是否与实际搜集的数据契合，指标变量是否可以有效地作为因素构念（潜在变量）的测量变量，需要对模型进行验证性因素分析（confirmatory factor analysis，CFA）（李永鑫，2008）。

对上述所探索的模型用验证性因素分析，同时根据锻炼习惯的研究现状，提出了三个备选模型：① 二因素模型，即体育锻炼习惯是行为方式和思维方式的结合；② 三因素模型，即为本研究所探索的三因素结构，即锻炼习惯分为锻炼行为、思维模式和锻炼效果三个维度；③ 四因素模型，即锻炼习惯由锻炼意图、行为控制性、心理效率以及锻炼意识等四个方面构成。将三种模型分别进行验证性因素分析，结果如表 4-17 所示。

表 4-17　锻炼习惯问卷验证性分析的拟合指数（$N=412$）

模　　　型	X^2/df	GFI	RMSEA	CFI	IFI	TLI
二因素模型	4.112	0.897	0.082	0.828	0.884	0.853
三因素模型	2.571	0.942	0.058	0.946	0.947	0.928
四因素模型	3.969	0.901	0.073	0.902	0.901	0.895

从表 4-17 可以看出，二因素模型在这些指标方面均不理想，四因素

模型在 RMSEA、TLI 方面达不到标准,三因素模型在各个指标方面均达到非常理想的状态,是一个很好的模型。因此,本研究将青少年体育锻炼习惯问卷的结构确定为三因素是合理有效的(见图4-3)。

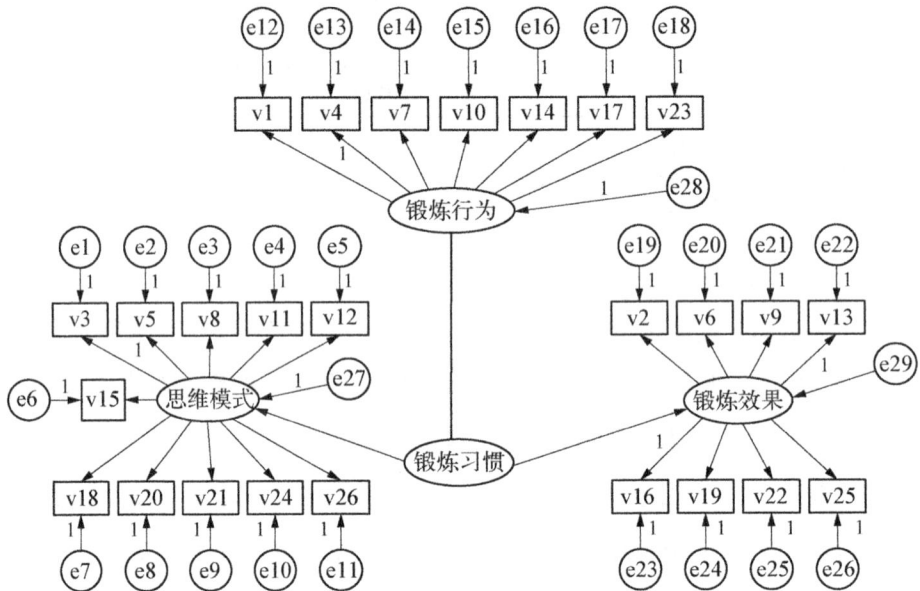

图 4-3 二阶四因素结构模型

3.3 问卷的信度和效度检验

3.3.1 问卷的信度检验

对于量表的信度,主要考察量表的内部一致性系数(Cronbach α 系数),一般认为,α 系数大于 0.6 是一个内部一致性较高的界值(苏林雁,2004);有学者认为总量表的信度在 0.8 以上,分量表在 0.6 以上就是可以接受的。从本研究来看,青少年体育锻炼习惯总量表和分量表基本上超过或接近该要求,基本符合心理测量学的要求。另外从华东师范大学抽取 3 个班在施测后 5 周进行重测,得出问卷的重测信度为 0.747(见表4-18)。一般认为 0.7 以上的信度是可接受的界值(吴明隆,2010),此信度也基本符合要求。

表 4‐18　青少年体育锻炼习惯问卷的信度系数

量表维度	条目数	α 系数	重测系数
思维模式	11	0.721	0.727
锻炼行为	7	0.765	0.712
锻炼效果	8	0.790	0.731
总 量 表	26	0.745	0.747

3.3.2　问卷的效度检验

（1）结构效度。运用探索性因素分析和验证性因素分析是探索问卷结构量表结构效度的有力工具，通过探索性因素分析表明，青少年体育锻炼习惯问卷的三因素结构清晰，条目的因素负荷均大于 0.6，总方差解释率为 67.146%，每一个因素条目含义清楚且可解释性强，表明问卷具有较好的结构效度（见表 4‐16）。同时通过验证性因素分析较好地验证了这三个因素，进一步证实了该问卷的结构效度。此外，还检验了分量表之间的相关及分量表与总量表之间的相关性，结果显示（见表 4‐19），分量表之间呈中度相关，与总量表呈中高度相关，分量表与总量表分数间的相关系数均比各分量表间的系数要高，各分量表之间的相关系数较低，由此说明，各分量表对总量表具有贡献，同时又具有各自的独立性。

表 4‐19　青少年体育锻炼习惯分量表与总量表相关系数表

量表维度	思维模式	锻炼行为	锻炼效果	总量表
思维模式	1			
锻炼行为	0.672**	1		
锻炼效果	0.615**	0.617**	1	
总 量 表	0.913**	0.846**	0.840**	1

**$p<0.01$，*$p<0.05$，下同。

最后，检验了条目与总分的相关性及条目之间的相关性（见表 4‐20），结果发现条目之间呈中低度相关，与总分呈中高度相关，表明条目对总分既有贡献又具有相对独立性。这些都表明青少年体育锻炼习惯问卷具有较好的结构效度。

表 4 - 20　青少年体育锻炼习惯条目与总分的相关性及条目之间的相关性($N=412$)

	总分	v1	v2	v3	v4	v5	v6	v7	v8	v9	v10	v11	v12	v13	v14	v15	v16	v17	v18	v19	v20	v21	v22	v23	v24	v25	v26
总分	1																										
v1		1																									
v2			1																								
v3				1																							
v4					1																						
v5						1																					
v6							1																				
v7								1																			
v8									1																		
v9										1																	
v10											1																
v11												1															
v12													1														
v13														1													
v14															1												
v15																1											
v16																	1										
v17																		1									
v18																			1								
v19																				1							
v20																					1						
v21																						1					
v22																							1				
v23																								1			
v24																									1		
v25																										1	
v26																											1

（2）效标效度。参照 Scanlan 等的运动承诺量表和 Verplanken 的自我报告量表(Scanlan，Simons，Carpenter et al. 1993)，将锻炼承诺行为总分，作为青少年锻炼习惯的效标，比较它与青少年锻炼习惯问卷总量表和分量表的相关性，研究结果表明，锻炼坚持行为总分与青少年锻炼习惯问卷的总量表和锻炼行为与生理特征的相关达显著性水平($P=0.036$)，和思维模式的自动化分量表的相关均达到显著性水平($P=0.023$)，由此说明，青少年体育锻炼习惯问卷具有较高的效标效度。

4. 讨论

从实证的数据分析来看，最后形成的四因子结构的测量模型具有最好的结构效度。但青少年锻炼习惯的三因素结构并不是唯一的分类方式，因为在设计问卷之初，针对的对象主要是健康的青少年群体，而把青少年中存在较少数身体有缺陷的排除在外，如果同时考虑这些对象，那青少年体育锻炼习惯是否还可以归纳为 3 个因素,是应该归为 3 个因素中的某一类,还是提出新的类型,需要进一步的研究。同时,本研究发现体育锻炼习惯主要表现在锻炼行为、思维模式以及锻炼效应等三方面,而在实际操作中,究竟是锻炼行为特征还是思维模式特征占的优势多一些,没有明确的定论,但是青少年体育锻炼习惯是行为、心理和生理的统一这一论点应该是没有太大争论的。此外,研究认为青少年体育锻炼习惯量表是一个较好的体育锻炼习惯测量工具,具有推广使用价值。但需要注意的是,它是以青少年群体为研究对象开发的,尽管量表包含的体育锻炼习惯的内容并不是青少年所特有的,但量表反映的理论结构对其他研究对象是否合适需要进一步的外部效度检验。同时,量表测量的是一些常见的体育锻炼习惯的现象特征,可以考虑在一些特殊领域的研究中,适当增加相关内容。

5. 结论

(1) 从实证分析结果来看,本次编制的青少年锻炼习惯量表是一个二阶因子结构,所测量的锻炼习惯包括锻炼行为的可重复性、自动化的思维模式、行为的稳定性三个因素。通过分析结果显示,青少年锻炼习惯量表的题目在测量青少年体育锻炼习惯时具有较高的鉴别度,量表的结构效度和效标效度得到了实证数据的支持,总量表和各分量表均具有良好的内部一致性,因此,青少年体育锻炼习惯量表具有良好的信度和效度,符合心理测量学的要求,是一个较好的青少年体育锻炼习惯测量工具。

(2) 青少年锻炼习惯的三类特征均与锻炼习惯呈显著性正相关。锻炼行为的可重复性与自动化的思维模式的相关程度最高,说明在锻炼习惯的评定方面,行为定势和思维模式两方面的效果是青少年体育锻炼习惯形成的最重要因素。

实 践 篇

第5章　体育教育教学对青少年体育锻炼习惯养成的研究

第1节　不同目标设置和锻炼强度对青少年体育锻炼习惯的影响

1. 研究目的

Bandura(1991)研究表明,适宜的锻炼目标可以满足个体能力的需要,产生个体的努力和锻炼坚持,指明了方向性的行为,适宜的目标还能够形成一定的行为策略,在个体实现目标的过程中,产生参加锻炼的兴趣和动机。所以,锻炼目标的设置对锻炼动机的产生有着举足轻重的作用。此外,不同的目标也会影响到个体锻炼的主观体验,进而影响到锻炼的积极效果。本研究旨在探查在不同的锻炼强度下,目标设置对促进青少年体育锻炼习惯形成的效果。

2. 研究假设

本研究提出以下预期假设:

H1:不同的目标设置和运动强度对青少年体育锻炼习惯形成的效果存在显著性差异。中等强度的运动情景下,中等难度的任务定向的目标效果要优于其他。

H1a:中等强度的运动的促进作用好于低强度和高强度的运动。

H1b：目标设置能够促进青少年体育锻炼习惯的形成。

H1c：中等难度目标的促进作用好于容易目标和困难目标。

H1d：任务定向目标较自我定向目标的促进作用更为显著。

H1e：目标设置和运动强度之间存在交互作用。

H2：中等强度、任务定向和中等难度的运动产生积极的锻炼效果最明显。

H3：青少年锻炼动机可以有效地预测锻炼习惯的形成，动机越强，锻炼习惯强度越强。

3. 研究方法

3.1 研究对象

本研究选取江苏省扬州大学、南通大学和宿迁学院篮球选修初级班的 360 名青少年作为实验对象。将所有的受试随机分配到 18 个实验组，每组均为 20 人左右。受试的年龄范围从 19 岁到 21 岁，平均年龄为 20.2 岁（$SD=0.8$）。

3.2 实验设计

本实验采用 $3 \times 2 \times 3$ 的三因素实验设计。三个因素为：

（1）A 因素，即目标难度因素，分为容易目标、中等难度目标和困难目标三个水平；本研究根据文献资料和专家访谈确定目标的难度水平，即 75％以上的受试能够达到的为容易目标、50％以上的受试能够达到的为中等难度目标和 10％以下的受试能够达到的为困难目标。

（2）B 因素，即目标定向因素，分为任务目标定向和自我目标定向两个水平。

（3）C 因素，即运动强度因素，分为低强度、中等强度以及高强度三因素，而运动强度以心率来表示，运动过程中随机指定 3 名学生，每隔 15 分钟进行 10 秒钟的脉搏测量，并由教师记录在专用的表格中。教师根据学生心率样本的总体状况,采用对运动强度的调控手段和方法,及时对练习过程进行调整,将不同实验组学生的心率水平维持在大、中、小三种运动强度所对应的心率范围之内。本研究采用《运动医学》一书中对常用运动强度指标和锻炼强度与时间的关系的描述,结合实验对象的具体情况,确定大强度实验组的心率为 140 次/分钟以上,中等强度实验组的心率为 120~140 次/分钟,小强度实验组的心率为 120 次/分钟以下(体育院系教材编委会,1992)。本研究的因变量为体育锻炼习惯强度、身体自我效能感、主观锻炼体验、锻炼动机等。

3.3　活动任务

本研究以初级篮球作为活动任务,以 5 分钟五点定点投篮为参考成绩,投篮点是在以篮筐中心的投影点为圆心、以罚球线为半径的一弧线上。

3.4　测量工具

(1) 青少年体育锻炼习惯量表。由笔者研制,该量表由 26 个条目组成,分为锻炼行为、思维模式和锻炼效果 3 个维度;条目采用 5 级记分法:即从“完全不符合”“不符合”“说不清”“符合”到“完全符合”,依次按照 1 到 5 分记分;对其中的某些条目采取反向记分。所有各题得分之和即为受试者的体育锻炼习惯的分数;分数越高说明体育锻炼习惯的强度越大。该量表具有较高的信度和效度,其中,各维度的内部一致性信度分别为 0.747。结构公式模型分析表明,该量表的 $X^2/df=2.571$,CFI=0.946,TLI=0.928,RMSEA=0.058,IFI=0.947。

(2) 身体自我效能感量表。采用孙拥军(2008)修订的《身体自我效能量表》(PSE),该量表由 10 个条目组成,分为身体能力知觉和身体能力信心两个维度;条目采用 6 级计分法,即从“完全不同意”到“完全同意”分别评定为 1 至 6 分;项目中第 2、4、5、6、7 题为反向记分,身体能力知觉高分表示自我知觉的身体能力水平较高,身体能力信心高分表示拥有较高的完成运动任务的信念水平,身体自我效能水平为两个维度的得分相加。该量表的研制工作非常科学、规范,其中,总量表的克伦巴赫 α 系数是 0.79。本实验中检验的克伦巴赫 α 系数为 0.76。

(3)主观锻炼体验量表。采用 McAuley 和 Courneya 的《主观锻炼体验量表》,该量表共由 12 个条目组成,采用 7 级 Likert 量表统计方法,包括积极幸福感、心理烦恼和疲劳三个分量表,各分量表的内部一致性系数分别为:积极幸福感 $a=0.86$,心理烦恼 $a=0.85$,疲劳 $a=0.88$。各分量表之间的相关为:积极幸福感分量表与心理烦恼分量表的相关系数是 -0.52,与疲劳分量表的相关是 -0.13,心理烦恼分量表与疲劳分量表的相关系数是 0.38。结构公式模型分析表明:$X^2/\mathrm{df}=1.58$,CFI$=0.88$,RMSEA$=0.06$,这些结果提示,该量表有较好的结构效度。

(4)青少年体育学习兴趣水平量表。采用张惠红的《青少年体育学习兴趣水平量表》,该量表由 30 个条目组成。该量表包括"厌恶体育学习的程度""喜爱体育课的程度""课外自主体育学习程度""课外关注和参与体育活动程度"四个维度。各维度的克伦巴赫系数 α 分别为 0.858 4、0.862 1、0.722 2、0.851 6,而总量表的克伦巴赫系数 α 为 0.920 6。从这四个主成分来看,其 α 系数均在 0.70 以上,且总量表的 α 系数高达 0.920 6,说明该量表内部所有题目间的一致性或同质性均很好,这是一个信度相当高的量表。该量表用于青少年体育学习兴趣测定时结构效度、分半信度、内部一致性信度都较高,说明该量表能较好地反映青少年体育学习兴趣水平,它可作为判断学生体育学习兴趣水平、研究有关体育学习兴趣课题的量化测试工具。

(5)运动情境动机量表。采用 Frederick 和 Rvan1997 年修订的《身体活动动机测量》(MPAM‐R)量表。该量表共有 30 个题目,包括 5 类动机,即乐趣动机、能力动机、外貌动机、健康动机和社交动机。该量表采用 Likert 7 级量度,从"没有这种动机和想法"到"这种动机非常强烈"。2006

年陈善平等对该量表进行了修订,结果表明,锻炼动机量表中文版具有较好的信度和效度。总量表的克伦巴赫系数 $\alpha=0.922$,各分量表的信度系数在 $0.810\sim0.910$ 之间。

3.5　实验程序

本实验主要分五个阶段进行。

(1) 主试的培训。主试的选择关系到无关变量的有效控制,因此,在实验前让教师理解实验的设计和方法,以及本研究的意图等相关内容。

(2) 前测。开学初期,在实验组测试如下内容:① 篮球的初始成绩,以 5 分钟定点投篮为基准,测验所有受试的篮球成绩,投篮成绩以两次的平均值作为基础值;② 青少年体育锻炼习惯强度;③ 身体自我效能感;④ 主观锻炼体验;⑤ 青少年体育学习兴趣水平;⑥ 运动情境动机。

(3) 实验的实施。然后,实验组在不同的目标设置和锻炼强度条件下进行 12 周的干预,在干预过程中对运动强度要适时地进行调整,以期符合实验的要求。在实验过程中由于不是笔者亲自操作,所以每周定期和主试教师进行交流沟通。

(4) 后测。实验接近尾声时,各量表的后测工作同前测一样,按照统一的要求完成。

(5) 追踪测验。2 个月后,对所有被试进行锻炼习惯强度、锻炼动机的测量。

3.6　统计方法

通过 SPSS 15.0 统计软件完成所有统计数据的分析。具体方法如下:采用单因素方差分析法比较干预前、后各个实验组受试的各项指标的差异;协方差分析法用以探查不同目标设置和运动强度对锻炼习惯的交互作用,以及每个因素各自对锻炼习惯形成的主效应;运用多元回归分析的方法探讨青少年体育锻炼动机和锻炼效果对体育锻炼习惯养成与否的判断作用。

4. 研究结果

4.1 不同运动强度和不同目标设置对青少年体育锻炼习惯形成的影响

协方差分析结果表明，前测成绩对后测成绩有影响（$F=206.428$，$p<0.05$），在控制了协变量影响的条件下，锻炼强度具有主效应（$F=76.239$，$p<0.05$），说明不同的锻炼强度对锻炼习惯的养成具有显著性差异；目标定向的指标（$F=9.454$，$p=0.002<0.05$）表明，不同的目标定向之间的差异十分显著；目标难度也具有主效应（$F=42.198$，$p<0.05$），说明不同的目标难度之间对锻炼习惯的养成同样具有显著性差异；锻炼强度、目标定向和目标难度之间的交互作用同样具有统计学意义（$F=30.352$，$p<0.05$），说明不同运动强度和不同的目标设置对青少年体育锻炼习惯养成的影响效果存在差异。通过进一步的比较发现干预后中等强度、中等难度目标的学生的体育锻炼习惯强度明显高于实验前；高等和低等强度下对锻炼习惯的影响没有显著性差异；容易目标和困难目标对锻炼习惯养成的影响也没有显著性差异。任务定向下，所有不同目标难度的青少年的体育锻炼习惯强度都有不同程度的增加。

4.2 不同运动强度和不同目标设置对青少年锻炼效果的影响

4.2.1 自我效能

协方差分析结果表明，前测成绩对后测成绩有影响（$F=84.085$，$p<0.05$），在控制了协变量影响的条件下，锻炼强度具有主效应（$F=16.726$，$p<0.05$），说明不同的锻炼强度对自我效能具有显著性差异；目标定向的指标（$F=83.943$，$p<0.05$）表明，不同的目标定向之间的差异十分显著；目标难度也具有主效应（$F=111.727$，$p<0.05$），说明不同的目标难度之间对自我效能同样具有显著性差异；锻炼强度、目标定向和目标难度之间的交互作用同样具有统计学意义（$F=88.807$，

$p < 0.05$），说明不同运动强度和不同的目标设置对青少年锻炼自我效能的影响效果存在差异。进一步比较发现，干预后中等强度、中等难度目标的学生的锻炼自我效能明显高于实验前，高强度和低强度的锻炼对自我效能的影响没有显著性差异，困难目标和容易目标、中等难度目标之间存在显著性差异，容易目标和中等难度目标之间没有显著性差异；任务定向下，所有不同的目标设置的青少年的锻炼自我效能都有不同程度的增加。

4.2.2　主观锻炼体验

协方差分析结果表明，前测成绩对后测成绩有影响（$F = 103.620$，$p < 0.05$），在控制了协变量影响的条件下，锻炼强度具有主效应（$F = 5.552$，$p = 0.019 < 0.05$），说明不同的锻炼强度对主观体验具有显著性差异；目标定向的指标（$F = 2.334$，$p = 0.303 > 0.05$）表明，不同的目标定向之间没有显著性差异；目标难度也具有主效应（$F = 25.962$，$p < 0.05$），说明不同的目标难度之间对主观体验同样具有显著性差异；锻炼强度、目标定向和目标难度之间的交互作用同样具有统计学意义（$F = 30.183$，$p < 0.05$），说明不同运动强度、不同的目标设置对青少年体育锻炼主观体验的影响效果存在差异。进一步比较发现，干预后中等强度、高强度、中等难度目标的学生的锻炼主观体验明显高于实验前，高强度和中等强度的锻炼对主观体验的影响没有显著性差异，中等难度目标和低难度目标、高难度目标之间存在显著性差异，低难度目标和高难度目标之间没有显著性差异；任务定向和自我定向下，所有不同的目标设置的青少年的锻炼主观体验没有显著性差异。

4.2.3　锻炼兴趣

协方差分析结果表明，前测成绩对后测成绩有影响（$F = 587.031$，$p < 0.05$），在控制了协变量影响的条件下，锻炼强度具有主效应（$F = 419.937$，$p < 0.05$），说明不同的锻炼强度对锻炼兴趣具有显著性差异；目标定向的指标（$F = 33.337$，$p = 0.057 > 0.05$）表明，不同的目标定向之间的差异不十分显著;目标难度也具有主效应($F=98.991$,$p<0.05$),说明不同的目标难度之间对锻炼兴趣同样具有显著性差异;锻炼强度、目标定向和目标难度之间的交互作用同样具有统计学意义($F=102.053$,$p<0.05$),说明不同运动强度和不同的目标设置对青少年体育锻炼习惯养成的影响效果存在差异。进一步比较发现干预后中等强度、中等难度目标的学生的锻炼兴趣明显高于实验前,困难目标和容易目标、中等难度目标之间存在显著性差异,容易目标和中等难度目标之间没有显著性差异;任务定向和自我定向的目标设置,对锻炼兴趣的影响没有显著性差异,但是与前测相比青少年的体育锻炼兴趣都有不同程度的增加。

4.3 不同运动强度和不同目标设置对青少年体育锻炼动机的影响

协方差分析结果表明,前测成绩对后测成绩有影响($F=930.140$,$p<0.05$),在控制了协变量影响的条件下,锻炼强度具有主效应($F=947.226$,$p<0.05$),说明不同的锻炼强度对锻炼动机具有显著性差异;目标定向的指标($F=104.019$,$p<0.05$)表明,不同的目标定向之间的差异十分显著;目标难度也具有主效应($F=102.349$,$p<0.05$),说明不同的目标难度之间对锻炼动机同样具有显著性差异;锻炼强度、目标定向和目标难度之间的交互作用同样具有统计学意义($F=77.154$,$p<0.05$),说明不同运动强度和不同的目标设置对青少年体育锻炼动机的影响效果存在差异。进一步比较发现干预后中等强度、中等难度目标的学生的锻炼动机明显高于实验前,困难目标和容易目标、中等难度目标之间存在显著性差异,容易目标和困难目标之间没有显著性差异;任务定向下,对锻炼动机的影响明显优于自我定向。

此外,可决系数接近1的模型是Quadratic复合函数($F=53.032$,$p=0.000<0.05$),同时从曲线图(见图5-1)也可以验证这三个模型对观察值的拟合程度。锻炼习惯强度和锻炼动机之间呈倒U关系。后测阶段

锻炼习惯强度和锻炼动机呈正相关,即锻炼习惯随着动机的增长而增强;在追踪测验阶段,锻炼习惯强度与动机呈负相关,即动机随着锻炼习惯的不断增强而降低。

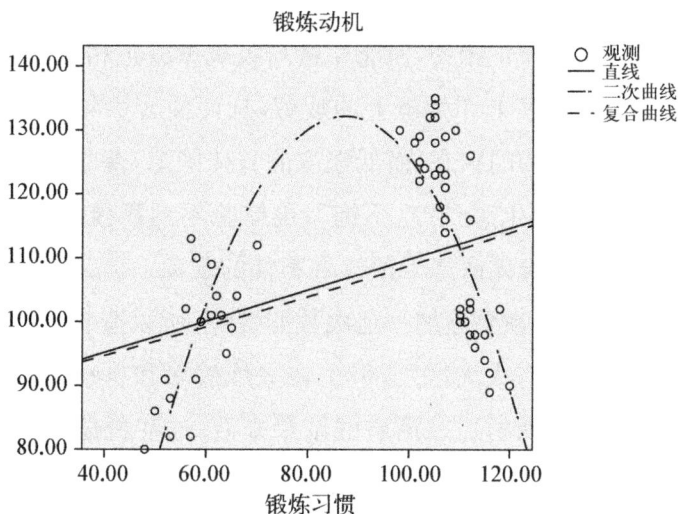

图 5-1　曲线图

5. 分析与讨论

5.1　不同运动强度的运动和不同目标设置对青少年体育锻炼习惯形成的影响

本研究的结果表明,从事中等强度运动,采用中等难度的目标,进行任务定向的青少年在体育锻炼习惯强度方面远远高于对照班(其他组)的学生,并且存在显著性差异。可见,从事中等强度运动,采用中等难度的目标,进行任务定向的青少年更容易养成体育锻炼习惯,这验证了 Nina Brodin 等人(2007)的研究结论,也为假设 H1 提供了实证支持(Brodin & Christina,2007)。主效应分析结果表明,中等强度的运动比低强度和高强度对增强青少年体育锻炼习惯强度的效果要明显;从整体上分析,目标设置可以促进青少年体育锻炼习惯强度的增加,但是,中等难度目标在促进青少年体育锻炼习惯形成方面的作用好于容易目标和困难目标;而追踪测验表明,实验结果验证了假设 H1a、H1b、H1c、H1d 和 H1e。

造成中等运动强度效果比低等和高等强度效果好的原因,可能是由于运动强度与能耗量成正相关,而能耗量与吸氧量成正相关,高强度的锻炼容易造成青少年心理上和生理上的疲劳,从而使青少年很难达到由身体锻炼带来的精力充沛的状态,而低强度的身体锻炼,基本上不需要消耗太多的能量,容易让学生感到"吃不饱",也体验不到积极的快感,这就造成低强度和高强度的身体锻炼干预效果不佳的现象。但是由于对被试设施了干预,他们每周必须要参加一定次数的锻炼,所以造成他们的锻炼行为与其他实验组的没有太大区别,但是在锻炼效果和自动化方面存在着显著的区别。而从长期的追踪测验的结果来看,这些群体的青少年体育锻炼习惯的强度非常低,或者根本就没有体育锻炼习惯。这与翟芳等人(2003)的研究相吻合,即青少年在 8 周的锻炼后中强度组各指标的成绩优于小强度组,如身体条件许可,大学男生应参加中等强度以上的身体锻炼。所以,在任何阶段的体育锻炼都要符合个体发展规律,做到按规律锻炼,这样才能享受到锻炼给我们带来的益处,人们也更乐意去参加锻炼。

目标设置是认知心理学家试图运用社会认知理论原理研究个体在情景中的动机和行为的理论。其观点为不同的目标定向和目标难度,形成不同的学习的观念、绩效、情感和动机(季浏,符明秋,1994)。成就目标理论认为,"在成就情境中,不同个体对目标的理解和选择不同。任务定向的个体认为成功的意义在于掌握提高和超越自我,关注的是能力的提高和技能的获得",对于失败的评价,则意味着当前的策略不适用于当前任务,或努力得还不够。因此,在遇到困难和挫折时,保持乐观的情绪,集中于当前的任务,努力不懈,表现出一种积极的姿态。自我目标定向是较注重他人评价和社会比较的结果。个体倾向选择中等难度的任务；对自己能力不自信的个体则倾向选择比较容易的或很难的任务，把失败归因为自己的低能，产生一些消极情绪，从而放弃努力。就目标难度而言，困难目标成功的可能性较小，因此很少体验到满意感，一旦困难目标得以实现，个体则会体验到比实现容易目标更强的满意感。为了可以平衡目标难度与满意感之间的矛盾，最好设置中等难度的目标(Carr，2004)。

通过对干预实验前后目标设置的协方差分析发现，目标难度对青少年体育锻炼习惯强度的主效应也都达到了显著性水平；进一步的多重比较结果表明，中等难度的目标效果要好于容易目标和困难目标，从而支持了 H1c 的假设。目标定向对青少年体育锻炼习惯的主效应达到显著性水平，任务定向与自我定向的效果非常显著，从而肯定了 H1d 的假设。大多数关于运动目标定向方面的研究都发现，任务目标定向与对运动成就情境的乐趣和满意度呈正相关(Elliott，1988)，任务定向的目标是更好的目标(Duda，1993)。如设立难以实现的锻炼目标，个体在尝试到行为的困难，不能立刻取得预期的效果，或遇到意想不到的消极后果时，他们可能会选择退出锻炼。因此，应选择能够产生即时令人满意体验的锻炼目标，并且是在他们个人能力范围内可以完成的。换言之，为了发展锻炼习惯，关注近端结果的目标比关注远端的效果要好。

5.2　不同运动强度和不同目标设置对青少年体育锻炼效果的影响

本研究的结果表明，从事中等强度运动，采用中等难度的目标，进行任务定向的青少年在产生锻炼效果方面远远高于对照班(其他组)的学生，并且存在显著性差异。可见，体育锻炼习惯强度与积极的锻炼体验呈正相关，这验证了 H2 的假设。主效应分析结果表明，青少年从事中等强度的运动比低强度和高强度更容易体验到积极的锻炼效果；任务定向、中等难度目标在促进青少年产生积极锻炼效果方面更显著，锻炼习惯强度和锻炼效果呈正相关。

　　不同的锻炼强度和目标设置有着各自不同的锻炼效应,相对于低强度和高强度锻炼而言,中等强度的锻炼更符合个体的生理规律,体适能增强,不容易产生疲劳以及由疲劳带来的损伤。就目标设置而言,追求任务定向的,具有一定难度的,通过努力可以实现的中等难度目标和自我效能、主观锻炼体验等正性结果相联系,就本研究的实际情况而言,中等强度、中等难度的目标是个体建立在自己的体能和技能的感知基础上的,是个体努力就可以实现的,这样在目标达成时,就会产生一种胜任感和满足感。这种胜任感在锻炼初期可以产生积极的影响,可以延续锻炼的行为,并可以用自己的内部标准去衡量成功与失败,最终形成体育锻炼习惯。而低强度很难在生理上引起变化,高强度的体育锻炼又很容易产生对生理不利的影响,而追求自我定向和容易、困难目标的个体则与个体的幸福感和适应性存在显著的负相关,这与 Kasser 和 Ryan 研究个体的生活目标内容与幸福感和适应性之间的关系的研究相吻合(Kasser & Ryan, 1993)。

　　针对目标设置的干预研究结果,究其原因:任务定向和中等难度的青少年倾向从事那些在他们能力范围内的,可以满足基本心理需求的活动,这在很大程度上可以促进体育锻炼习惯的形成。因为从事任务定向和中等难度任务的个体比较重视个人成长和自我发展,他们的行为在很大程度上是自己主动发起的,并有较强的责任心,这样很容易体验到参与、选择、自由等内心的感受,随之能体验到胜任感、成就感和自我效能感(Duriez, 2007)。而从事自我定向的个体则更多倾向对物质的理想化追求,这样他们把自己的自我价值和外部条件联系起来,使他们失去自由感,一旦目标没有达成,就会出现理想和现实的分离,很难体验到成功感,即使他们达成暂时的外部目标,也只是体验短期的成就感,更谈不上持续的胜任感。

5.3　不同运动强度和不同目标设置对青少年体育锻炼动机的影响

本研究的结果表明,在对锻炼动机的前、后追踪测验中,只有中等运动强度,任务定向,中等难度的受试青少年的体育锻炼动机在干预前、后、追踪测验有非常显著的差异,其余都没有显著差异。主效应分析结果表明,中等强度学生的体育锻炼动机强度远远高于低强度和高强度的学生,并且存在显著性差异;任务定向、中等难度目标的学生的体育锻炼动机强度则明显高于实验前,中等强度下,所有不同的目标设置的青少年的体育锻炼动机强度都有不同程度的增加,而追踪测验的结果表明,锻炼动机存在显著性差异,水平呈现下降趋势。锻炼习惯的强度和锻炼动机之间呈倒 U 关系。

不同的目标定向和目标难度,导致不同的动机。任务定向的因素对内部动机的影响要多些,所以倾向选择中等难度的目标,而自我目标定向是较注重他人评价和社会比较的结果,即外部动机的比较,个体则倾向选择容易和困难的目标的任务;对自己能力不自信的个体倾向选比较容易的任务,对自己能力很自信的则会选择困难的目标任务,但是完成困难目标的难度较大,所以较少有成功体验,则会容易产生一些消极情绪,从而放弃努力。所以选择中等强度、任务定向、中等难度的目标任务在体育锻炼习惯形成初级阶段具有重要的意义,可以促使个体有意识地参与并坚持锻炼,这是锻炼习惯形成的前提。在这一过程中,个体需要有意识地去设置追求目标,目标制定和管理的过程是有目的、有意图的。此过程中,个体根据不同目标的价值、难度等仔细地选择,并使用自己认为最佳的方式有目的地追求个体预期所达到的行为结果。

但是像态度、图式一样,如果个体在一定的情境下长期重复,一贯地追求某个目标,该目标就会自动在头脑中与相应的情境表征建立关联,并通过特定的情境自动激活目标,从而自动设置该目标,所有这些操作都是在个体的无意识下发生的。对于不同强度,不同目标设置的体育锻炼来说,同样是这样,个体经过长期不断地重复锻炼行为,通过相关的情境刺激,同样可以自动地进行。从有意识转变为无意识,从开始需要强烈的动机去刺激青少年进行锻炼到最后个体自动地进行体育锻炼,从而养成体育锻炼习惯。这一实验结果否定了假设 H3 的正确性。在追踪测验阶段,锻炼习惯的强度与锻炼动机呈负相关,自动化加工有可能是由日常生活中的一些其他因素(如时间、运动器材以及同伴等)所引发的。

此外,动机理论还认为,与行为状态相联系的积极情感具有动机性质,与积极情感相联系的刺激或状态能够成为有机体活动的动机。如果将积极情感与原本中性的行为状态建立联系,则会引发目标导向行为,机会来临时有机体也会表现出强烈的目标实现动机(马丽丽,2008)。Custers 等人的研究发现,具体行为目标表征与积极情感间建立联系会引起行为目标的无意识操作,而与消极情感间建立联系则不会引起类似结果的出现(Ousters,2005)。所以体育锻炼过程的积极效应就成为锻炼习惯的中介因素,由于积极体验的刺激,从而使个体自动化地从事锻炼行为,最终养成体育锻炼习惯。

6. 结论与建议

6.1 结论

(1)不同的目标设置和运动强度对青少年体育锻炼习惯形成的效果存在显著性差异。中等强度的运动情景下,中等难度的任务定向的目标对体育锻炼习惯三要素的效果要优于其他。中等强度的运动的促进作用好于低强度和高强度的运动;目标设置能够促进青少年体育锻炼习惯的形成,中等难度目标的促进作用好于容易目标和困难目标;任务定向和自我定向的促进作用在干预结束后没有显著性差异;目标设置和运动强度之间对锻炼习惯的养成存在交互作用。

(2)中等强度、任务定向和中等难度的运动产生积极的锻炼效果最明显。对青少年自我效能感、主观锻炼体验和锻炼兴趣有积极的效应。

(3)青少年锻炼动机可以有效地预测锻炼习惯的形成,锻炼习惯强度与锻炼动机成倒 U 关系。

6.2 建议

(1) 青少年在锻炼过程中,结合自身实际情况,选择适宜的运动强度,进行合理的目标设置,避免出现运动生理和心理疲劳,尽可能减少运动损伤的发生。

(2) 在青少年体育锻炼习惯的形成过程中,尽可能创设各种条件,让学生体验积极情感,达到提高青少年体育锻炼的参与度。

7. 研究展望

本实验虽然从实证的角度探索不同强度、不同目标设置的体育锻炼对青少年体育锻炼习惯养成的影响,初步探查了各因素之间的价值和关系,论证了体育锻炼效应的中介效应,等等,但是,仍然存在着一定的局限性,主要有以下几点:

(1) 由于实验因素较多,对体育锻炼习惯的三个分维度没有进一步研究。

(2) 有待于通过进一步实验,研究不同强度的运动对青少年的影响,特别是生理机制是如何影响青少年体育锻炼习惯的养成的。

(3) 无意识目标对青少年体育锻炼习惯的激活方式的研究还有待深入,体育锻炼习惯可以通过积极的情感体验来激活,但是具体如何被激活,其心理机制如何等问题还需进一步分析。

第 2 节 不同锻炼情境、不同社会普适度的锻炼 项目对青少年体育锻炼习惯的影响

1. 研究目的

Kasser 和 Ryan(1996)认为,在满足个体基本心理需要方面,个体的价值观起着十分重要的作用。就个体归属感而言,具有内在价值观的个体比外在价值观的个体具有更多的归属感,研究同时还表明,人际关系和

同伴之间的相互信任和接纳等因素与个体的归属感成正相关。而个体的自我表达则作为对满足归属感的一种有效的补偿策略。本研究旨在探查关系要素在不同的运动情境下,从事不同社会普适度的锻炼项目,对青少年体育锻炼习惯形成的效果。

2. 研究假设

本研究提出以下预期假设:

H1:不同的运动情境,从事不同社会普适度的锻炼项目对青少年体育锻炼习惯形成的效果存在显著性差异。群体情境下从事中等以上社会普适度的锻炼项目对青少年体育锻炼习惯的养成目标效果最好。

H1a:群体情境对锻炼习惯养成的促进作用好于个体情境,但锻炼习惯养成后的差别不大。

H1b:项目的社会普适度与锻炼习惯的强度呈正相关。

H1c:锻炼情境和项目的社会普适度之间存在交互作用。

H2:群体情境、项目的社会普适度与积极的锻炼效果显著性相关。

H3:自我效能和自尊可以有效地预测锻炼习惯的形成,且群体凝聚力和积极情感具有中介作用。

3. 研究方法

3.1 研究对象

本研究选取上海大学专项选修课和扬州某羽毛球、乒乓球健身俱乐部的 120 名青少年作为实验对象。将所有的受试随机分配到 6 个实验组,每组均为 20 人左右。受试的年龄范围从 18 岁到 22 岁,平均年龄为 19.6 岁($SD=0.6$)。

3.2 实验设计

本实验采用 2×2 的双因素实验设计。两个因素为:① A 因素,即锻炼情境,分为个体和群体两个水平;② B 因素,即不同社会普适度的运动项目,分为低水平的社会普适度(击剑、沙滩排球)和中高水平的社会普适度(羽毛球、乒乓球)两个水平。

本研究的因变量:体育锻炼习惯、群体凝聚力、身体自我效能感、主观锻炼体验、身体自尊等;控制变量有实验教师和学生等。

3.3　测量工具

(1) 青少年体育锻炼习惯强度量表。

(2) 身体自我效能感量表。

(3) 主观锻炼体验量表。

(4) 群体凝聚力量表。

(5) 身体自尊量表。

采用徐霞在 2001 年修订的青少年《身体自尊量表》。在量表中,身体自尊作为整体的一个具体领域包括两个等级:一般的身体自我价值感和次领域中更具体的有关身体方面的维度。更为具体的次领域包括对运动能力、身体状况、身体吸引力和身体素质方面的自我价值感。在 24 个条目中,4 因素各条目在所属因素的载荷均达到 0.30 以上。这说明,次领域的具体身体维度具有较好的结构效度。在各分量表的相关分析与控制 PSW 的偏相关分析的对比中,各分量的零阶相关系数介于 0.27~0.57 之间,从总体上看属中低度相关,说明各分量表方向一致,而又彼此独立,具有良好的结构效度。身体自尊量表主量表及各分量表的克隆巴赫系数从 0.75 到 0.82,说明各个量表的内部一致性信度都比较理想,反映了 PSPP 量表本身作为一种测量工具具有较高可信性。

3.4　实验程序

本实验主要分四个阶段进行。

(1) 前测。开学初期,在实验组测试如下内容:① 青少年体育锻炼习惯强度;② 身体自我效能感;③ 主观锻炼体验;④ 群体环境问卷;⑤ 身体自尊。

（2）实验的实施。然后,实验组在不同的锻炼情境中,从事不同的运动项目,进行 12 周的干预,在实验过程中由于不是笔者亲自操作,所以每周定期和主试教师进行交流沟通。

（3）后测。实验接近尾声时,各量表的后测工作同前测一样,按照统一的要求完成。

（4）追踪测验。2 个月后,对所有被试进行锻炼习惯强度、自我效能、主观体验和身体自尊等因素的测量。

3.5 统计方法

通过 SPSS 15.0 统计软件完成所有统计数据的分析。

4. 研究结果

4.1 不同锻炼情境和不同社会普适度的运动项目对青少年体育锻炼习惯形成的影响

协方差分析结果表明,前测成绩对后测成绩有影响($F = 105.171$, $p < 0.05$),在控制了协变量影响的条件下,锻炼情境具有主效应($F = 190.214$, $p < 0.05$),说明不同的锻炼情境对青少年体育锻炼习惯养成的影响具有显著性差异;项目的普适度的指标($F = 61.579$, $p < 0.05$)表明,不同的项目普适度之间的差异十分显著;锻炼情境和项目普适度之间的交互作用同样具有统计学意义($F = 16.862$, $p < 0.05$),说明不同锻炼情境、不同的项目普适度对青少年锻炼习惯的影响效果存在显著性差异。进一步比较研究发现干预后群体情境下,中等以上项目普适度的被试锻炼习惯明显高于实验前,群体情境、个体情境对锻炼习惯的影响具有显著性差异,普适度低和中等以上之间存在显著性差异。

4.2　不同锻炼情境和不同社会普适度的运动项目对青少年锻炼效果的影响

4.2.1　自我效能

协方差分析结果表明,前测成绩对后测成绩有影响($F = 144.014$, $p < 0.05$),在控制了协变量影响的条件下,锻炼情境具有主效应($F = 31.643$, $p < 0.05$),说明不同的锻炼情境对青少年体育自我效能的影响具有显著性差异;在后测阶段项目的普适度的指标($F = 6.015$, $p = 0.056 > 0.05$)表明,不同的项目普适度之间没有显著性差异,在追踪测验阶段项目的普适度的指标($F = 606.310$, $p < 0.05$)表明,不同的项目普适度对自我效能的影响存在着显著性差异;锻炼情境和项目普适度之间的交互作用同样具有统计学意义($F = 31.951$, p < 0.05),说明不同锻炼情境、不同的项目普适度的交互作用对青少年自我效能的影响效果存在显著性差异。进一步比较研究发现,干预后群体锻炼情境下,从事中等以上普适度的运动项目,对自我效能的影响远远高于其他组的学生,群体情境下对自我效能的影响优于个体情境下,中等以上的项目普适度好于低的项目普适度,并且方差齐性检验均为 0.000 < 0.05,因素变量各水平间存在显著性差异。

4.2.2　主观锻炼体验

协方差分析结果表明,前测成绩对后测成绩有影响($F = 7.254$, $p < 0.05$),在控制了协变量影响的条件下,锻炼情境具有主效应($F = 361.222$, $p < 0.05$),说明不同的锻炼情境对青少年体育主观体验的影响具有显著性差异;在后测阶段项目的普适度的指标($F = 0.492$, $p = 0.484 > 0.05$)表明,不同的项目普适度之间没有显著性差异,但在追踪测验阶段项目的普适度的指标($F = 140.126$, $p < 0.05$)表明,不同的项目普适度对主观体验的影响存在着显著性差异;锻炼情境和项目普适度之间的交互作用同样具有统计学意义($F = 10.174$, $p = 0.002 < 0.05$),说明不同锻炼情境,不同的项目普适度的交互作用对青少年主观体验的影响效果存在显著性差异。进一步比较研究发现,干预后群体锻炼情境下,从

事不同普适度的运动项目,对主观体验的影响远远高于个体情境下的学生,不同普适度的项目对个体锻炼主观体验的影响没有显著性差异($p=0.843>0.05$),但是在追踪测验阶段,不同普适度的项目对个体锻炼主观体验的效应具有显著性差异,中等以上普适度的运动对个体锻炼主观体验的效果要好于低普适度的运动,且因素变量各水平间存在显著性差异。

4.2.3 身体自尊

协方差分析结果表明,前测成绩对后测成绩有影响($F=16.325$,$p<0.05$),在控制了协变量影响的条件下,锻炼情境具有主效应($F=48.667$,$p<0.05$),说明不同的锻炼情境对青少年体育身体自尊养成的影响具有显著性差异;在后测阶段项目的普适度的指标($F=0.004$,$p>0.05$)表明,不同的项目普适度之间几乎没有差异,但在追踪测验阶段项目的普适度的指标($F=187.953$,$p<0.05$)表明,不同的项目普适度对身体自尊的影响存在着显著性差异;在后测阶段,锻炼情境和项目普适度之间的交互作用不具有统计学意义($F=2.514$,$p=0.116>0.05$),追踪测验阶段,锻炼情境和项目普适度之间的交互作用具有统计学意义($F=164.629$,$p<0.05$),说明不同锻炼情境,不同的项目普适度的交互作用对青少年身体自尊的影响效果存在显著性差异。进一步的比较分析发现,干预后群体锻炼情境下,从事不同普适度的运动项目,对身体自尊的影响远远高于个体情境下的学生,不同普适度的项目对个体锻炼身体自尊的影响没有显著性差异($p=0.385>0.05$),但是在追踪测验阶段,不同普适度的项目对个体锻炼身体自尊的效应具有显著性差异,中等以上普适度的运动项目对个体锻炼身体自尊的效果要好于低普适度的运动,因素变量各水平间存在显著性差异。

4.3 不同锻炼情境和不同社会普适度的运动项目对青少年群体凝聚力的影响

协方差分析结果表明,前测成绩对后测成绩有影响($F=10.029$,

$p = 0.002 < 0.05$)，在控制了协变量影响的条件下，锻炼情境具有主效应($F = 367.163$，$p < 0.05$)，说明不同的锻炼情境对青少年体育群体凝聚力养成的影响具有显著性差异；项目的普适度的指标($F = 24.236$，$p < 0.05$)表明，不同的项目普适度对群体凝聚力的影响存在着显著性差异；锻炼情境和项目普适度之间的交互作用具有统计学意义($F = 8.252$，$p = 0.016 < 0.05$)，说明不同锻炼情境、不同的项目普适度的交互作用对青少年群体凝聚力的影响效果存在显著性差异。后续的比较研究发现，干预后群体锻炼情境下，从事不同普适度的运动项目，对群体凝聚力的影响远远高于个体情境下的学生，不同普适度的项目对个体锻炼群体凝聚力影响的显著性差异呈中度水平($p = 0.055 > 0.05$)，中等以上普适度的运动项目对个体锻炼群体凝聚力的效果要好于低普适度的运动。

5. 分析与讨论

5.1　不同锻炼情境和不同社会普适度的运动项目对青少年体育锻炼习惯的影响

本研究结果表明，在群体情境下，从事较高社会普适度的运动项目对青少年体育锻炼习惯的影响远远高于对照班(其他组)的学生，并且存在显著性差异。可见，群体情境下，从事较高社会普适度的运动项目的青少年更容易养成体育锻炼习惯，这一研究结果与 Wenber 等人的研究相一致，也为假设 H1 提供了实证支持。主效应分析结果表明，群体情境比个体情境对增强青少年体育锻炼习惯强度的效果要明显；较高社会普适度的运动项目对促进青少年体育锻炼习惯强度有着显著的效果，实验结果验证了假设 H1a、H1b、H1c。

造成群体情境比个体情境效果好的原因，可能是由于群体运动使青少年产生较高的群体凝聚力。群体凝聚力的实质是反映一定运动群体成员在目标、情感和行为上的整合力量。群体凝聚力作用之所以重要，根本原因在于运动群体环境对其心理影响非常特殊。身处群体环境中的运动员随时可受到群体特殊规范等因素作用而做出从众、服从或失个性化等行为(张忠秋,1996)。群体情境下青少年的群体凝聚力非常显著地高于个体情境下的青少年,因为群体凝聚力与其群体激励效果联系在一起,其中方向感和满意感与群体凝聚力最为密切相关。群体凝聚力具有社会情感和操作功能要素。社会情感要素称为群体价值或吸引力的东西,并且包括某些共同的动机。在本研究中,由青少年通过共同的兴趣爱好而组成的群体,其凝聚力体现为共同目标的吸引力,这个目标根据这个群体的时间长短和性质或多或少是明确的,通过自主选课而组成的群体的目标吸引力依赖于同学之间的平均期望水平;集体活动的吸引力,在这个群体中,同学可以通过这种活动来实现目标,同时也是实现自我满足的一种源泉,向目标前进的感觉是共同目标的吸引力和集体活动的吸引力之间的中介;隶属于群体的吸引力,它集合了各种各样的情感,根据不同的情况,强大感、自豪感或安全感都可能占有优势,但是除了这些情感之外,最根本的就是群体之间可以实现交流,即以某种方式与他人结合以免去对孤独的忧虑,所以,在群体情境下,青少年更容易坚持锻炼,从而比较轻易地养成体育锻炼习惯。

社会普适度是运动项目能否被大众所接受的主要特征,其中衡量运动项目的社会普适度水平可以用从事该项运动的人口数量、普及水平以及影响力的大小来衡量,具有较高社会普适度的运动项目一定能够给个体带来生理和心理上的积极效果,如运动乐趣和愉快体验等,同时也是比较容易开展的,受场地、器材等因素影响较小,反之仅适合一部分群体又不容易操作的运动项目的社会普适度则较低。基于这些思考在本研究中,从事较高水平社会普适度的运动项目的个体在习惯养成方面与较低水平的有显著性差异。

在下次任何时间内完成同样行为的可能性,构成了反复运动行为链和习惯发展之间的一个重要的连接。例如,时间制约和设施缺乏被认为是人们不能坚持锻炼计划的主要原因。因此,对锻炼行为的控制(内部和外部)

程度在习惯形成过程中发挥重要的作用。这表明,相对简单的,具有较高社会普适度的运动项目(如散步、骑自行车)比那些复杂的具有较低社会普适度的运动项目可能更容易形成习惯,因为复杂的行为更多地受到客观设施条件的限制,可能需要更有意的努力和规划。而如散步和骑自行车等运动可以纳入现有的常规化的日常生活中,例如选择自行车作为交通工具去上班。这样具有较高社会普适度的运动项目,容易推广,更容易融入人们的日常生活中去,从而成为日常生活不可分割的一个组成部分。

5.2　不同锻炼情境和不同社会普适度的运动项目对青少年锻炼效果的影响

本研究结果表明,群体情境下,从事不同社会普适度的运动项目与个体情境下的情况相比,对锻炼效果的影响具有显著性差异;群体情境下,从事不同社会普适度的运动项目可以产生积极的锻炼效果,各组之间不存在显著性差异。主效应分析结果表明,群体情境比个体情境更容易体验到积极的锻炼效果;运动项目社会普适度高低与锻炼效果没有显著的差异,这一研究结果与 H2 的假设是一致的。群体凝聚力主要有以下后果变量:归属感、认同感、满意度、绩效和团队成功。归属感的产生是一种"自己人的群体"的情感倾向,因为个体是在自己的群体中,所以很容易认同这个群体,热爱这个群体,自愿为群体而贡献。当个体把自己的情感融入群体中时,就产生了认同感,其结果是同化或被同化。在体育教学中作为这个群体的指导者,要让学生产生民主的"被同化"的认同感,这绝不等同于传统的教学方式。本研究的对象是专项选修班的学生,按学生兴趣爱好选项分班的理论基础是发展学生的个性,所以在体育锻炼中更容易体验到满足感,有利于产生积极的锻炼效应(季浏,2001)。

群体情境下个体的群体凝聚力比个体情境下的要高,这样群体的吸引力和集体情感结合起来,人与人之间意气相投的作用发挥无遗,因为一个人依附于某个群体可能是由于有选择地对这些成员有好感,他们之间建立了友好关系，这样就形成了一张自发的情感网。其次，群体可以满足个体的某些需要，加入某个群体，一般来说就是加入一种集体氛围，有助于个体满足某些要求他人参与的需要，从这个意义上来解读，群体与其说是目的，不如说是手段，是青少年锻炼习惯养成的一个有效的手段。在群体中，个体希望被接受，被承认，还有向他人"宣泄"自己的感情，希望得意地描述自己。在某种程度上，群体凝聚力和锻炼习惯的养成是一种双向因果关系。因为群体凝聚力使青少年坚持锻炼，从而形成锻炼习惯，另一方面，一旦养成锻炼习惯，个体的群体凝聚力也变得更强。这也验证了研究 H2 和 H3 的假设。而个体情境下的体育锻炼则会容易产生孤独感和无助感，心理上的孤独者，尽管可以生存，但是不快乐，显然这不利于青少年锻炼习惯的养成。

凝聚力强的群体可以增进人的积极情感，积极情感反过来有助于建立和谐的人际关系，增进青少年之间的社会联结，积极的情感从开始就是在社会关系中建立的，积极的情感使人拥有充分的心理功能。和谐的、互助宽容的人际关系能促成良好的感情状态，这种情绪能感染和感动其他群体，使更多的人加入体育锻炼的生活方式中来，从而形成体育锻炼习惯。

5.3　不同锻炼情境和不同社会普适度的运动项目对青少年身体自尊的影响

本研究结果表明，群体情境下，从事不同社会普适度的运动项目与个体情境下的情况相比，对身体自尊的影响具有显著性差异；群体情境下，从事不同社会普适度的运动项目可以产生高身体自尊，各组之间不存在显著性差异。主效应分析结果表明，群体情境比个体情境更容易产生高身体自尊；运动项目社会普适度高低与身体自尊的高低没有显著的差异。詹姆士把自尊定义为对自我价值的感受，其取决于个体实际成就与抱负之间的比值。自尊不是一个一维的结构，它不仅包括对自我价值的一般评价，也包括在不同背景中，如伙伴之间对自我价值的具体评价基础上的特殊自尊组织的多维结构。在群体情境下,从事不同社会普适度的运动项目可以产生高自尊,是由于个体在锻炼过程中产生积极情感,个体具有能够参加锻炼的能力,以及对群体环境的普适性,而低身体自尊则与心理普适能力差、人际关系不和谐等有关。

其实,一个人必然是属于某个群体的。在群体中,角色的分配和联系同样属于社会操作要素,角色的分配和联系,既取决于各自成员所进行的活动,也取决于他们的能力。因此,根据不同的情况,个体都承担着一定的职责,由职责不同带来角色的变化,这种区别既表现在横向上——尽管是一种顺序,因为前面的活动或多或少决定后面的活动,也表现在纵向上,这就表明存在着事实上的或理所当然的等级关系。在形成中的群体中,存在着与某种逐渐产生的确定的角色系统相应的分化和调整进程,只有当这样一种既互相依赖又互相补充的角色系统能够运转时,才可以说是群体。良好的人际关系同样可以产生积极的情感体验,这是在相互依赖和信任的人际关系中得到的,个体成功完成自己的职责时,成就感就会产生,便能够体验到积极的情感,而个人作为集体的一员,所作所为能满足他人的需要,得到自身力量和能力的认识和信心;个体在需要时,能够得到他人的支持和帮助,从而产生对他人和群体的信任和尊重,这样可以形成较强的生活普适能力,接受积极的自我反馈,认可由所掌握的问题解决技能和运动技能产生的成就价值,或者从比较成功的活动中提高自尊。

6. 结论与建议

6.1　结 论

(1) 不同的锻炼情境和不同社会普适度的运动对青少年体育锻炼习惯形成的效果存在显著性差异。群体情境下,中高社会普适度的运动对体育锻炼习惯养成的效果要优于其他。

(2) 群体情境比个体情境更容易产生凝聚力。

(3) 群体情境下,不同社会普适度的运动对青少年自我效能感、主观锻炼体验和身体自尊等都能够产生积极的锻炼效果。

（4）群体凝聚力和积极情感具有中介作用。

6.2 建议

（1）高校要培养青少年的团队意识，充分利用各种组织，为增强凝聚力提供有效载体，从而养成体育锻炼习惯，培养终身体育意识。

（2）鼓励全民健身活动站点、体育俱乐部等群众性体育组织开展全民健身活动，积极普及推广体育项目，加强社会体育指导人员队伍建设，对全民健身活动进行科学指导。

7. 研究展望

本实验虽然从实证的角度探索不同强度，不同情境，不同社会普适度的运动对青少年体育锻炼习惯养成的影响，初步探查了各因素之间的相关价值和关系，论证了群体凝聚力的中介效应等，但是，仍然存在着一定的局限性，主要有以下几点：

（1）群体凝聚力是多维的，其作用力也是双向的，所以，群体凝聚力的消极作用还有待进一步的研究。

（2）有待于通过进一步实验，研究如何加快运动项目的社会普适度。

（3）在体育锻炼习惯的养成和保持阶段，探讨学校如何做到与社会的有机衔接。

第3节　课后学习支持对不同运动技能水平的青少年体育锻炼习惯的影响

1. 研究目的

Deci(2008)研究表明，个体的幸福感与个体的自主性行为呈正相关，与个体的控制性行为呈负相关。也就是说,个体自主选择适合自己的方式去参加锻炼,而不是迫于教师或其他因素的控制和压力,这样的环境有利于促进外在动机的内化,从而促使个体更好地进行自我调节。所以,这种自主支持能够更好满足个体自主性的需要,产生更持久的锻炼坚持。本研究旨在探查课后学习支持(After-class Support)对不同运动技能水平的青少年体育锻炼习惯形成的效果。

2. 研究假设

本研究提出以下预期假设:

H1:不同的课后学习支持方式对不同运动技能水平的青少年体育锻炼习惯形成的效果存在显著性差异。

H1a:高运动技能水平,采用全独立自主方式对锻炼习惯养成的促进作用好于网上自学和半指导学习支持。

H1b:中低等运动技能水平,采用半指导学习方式对锻炼习惯养成的促进作用好于网上自学和全独立自主学习支持。

H1c:网上自学的支持方式对青少年锻炼习惯养成的效果不明显。

H1d:无课后学习支持的青少年,其体育锻炼习惯在实验前后没有变化。

H2:课后学习支持对不同运动技能水平的青少年能够产生积极的体育锻炼效果。

H3:课后学习支持对不同运动技能水平的青少年的自主学习能力具有促进作用,且自主学习能力和积极情感具有中介作用。

3. 研究方法

3.1　研究对象

本研究选取江苏省河海大学和宿迁学院乒乓球专项选修课的 200 名青少年作为实验对象,每组均为 20 人左右。受试的年龄范围从 18 岁到 22 岁,平均年龄为 19.6 岁($SD=0.6$)。

3.2　实验设计

本实验采用 4×3 的双因素实验设计。两个因素为:

(1) A 因素,即课后学习支持方式。分为全自主学习(Fully Independent Learning)、半指导学习(Semi-Guided Learning)、网上自学(Online self-access learning)和无学习支持 4 个因素。全自主学习:最极端的自我指导的学习方式,学生自己设置课程和目标,自主评价自己的进步。教师只是充当"顾问"(counsellors)的角色,在学生完成评价后,对学生的学习进行反馈(Deci,2008)。半指导学习:为解决学生自学中出现的问题,教师为学生提供技术和心理上的支持,对教师提供的内容学生可能会选择,也可能不会选择。网上自学:网上自学或在线支持,是一种自学型的学习。网络为学生提供了一些可以利用的学习材料。理想的更详细的形式包括网上交流学习的机会(例如通过咨询研讨),组织具体活动,并通过电子监控,主动监测学生的活动(本研究中由于技术、硬件设备不足,所以只提供给学生一些可以自学的网站)。

(2) B 因素,即运动技能水平因素。分为初级班——几乎没有或具有很浅乒乓球基础的学生,以培养学生的兴趣和基本的学习技术为主;中级班——在掌握基本运动技能的基础上,能够较为熟练地运用乒乓球基本技术,并能在比赛中使用简单的战术;高级班——在中级水平基础上,教学内容更加深入,具有较高的战术水平,并能灵活地运用,具有临场裁判能力。本研究的因变量:体育锻炼习惯、自主学习能力、身体自我效能感、主观锻炼体验、锻炼兴趣等;协变量是部分指标的前测结果;控制变量有实验教师和学生等。

3.3　测量工具

青少年体育锻炼习惯量表、身体自我效能感量表、主观锻炼体验量表、青少年体育学习兴趣水平量表、青少年体育自主学习量表。

采用吴本连博士的《青少年体育自主学习情况量表》,该量表共有 36 个条目组成,采用 5 级 Likert 量表统计方法,包括学习动机、学习过程、学习结果和学习环境 4 个分量表,各分量表的内部一致性系数为 0.892。结构公式模型分析表明:CFI=0.93,RMSEA=0.05,IFI=0.94,这些结果表明,该量表有较好的结构效度。

3.4　实验程序

本实验主要分四个阶段进行。

(1) 前测。开学初期,在实验组测试如下内容:① 青少年体育锻炼习惯强度;② 青少年自主学习能力;③ 青少年体育学习兴趣水平;④ 身体自我效能感量表;⑤ 主观锻炼体验量表。

(2) 实验的实施。然后,实验组在微格教室运用不同的课后学习支持方式,对不同运动技能水平的青少年进行 12 周的干预,在实验过程中由于不是笔者亲自操作,所以每周定期和主试教师进行交流沟通。

(3) 后测。实验接近尾声时,各量表的后测工作同前测一样,按照统一的要求完成。

(4) 追踪测验。2 个月后,对所有被试的锻炼习惯强度水平进行测量。

3.5　统计方法

通过 SPSS 15.0 统计软件完成所有统计数据的分析。

4. 研究结果

4.1　不同方式的课后学习支持对不同运动技能水平的青少年体育锻炼习惯的影响

协方差分析结果表明,前测成绩对后测成绩有影响($F=102.389$,

$p<0.05$），在控制协变量影响的条件下，课后支持具有主效应（$F=249.055$，$p<0.05$），说明不同方式的课后支持对锻炼习惯的养成具有显著性差异；技能水平的指数（$F=3.400$，$p=0.035<0.05$）表明，不同的运动技能水平之间的差异十分显著；课后支持和技能水平之间的交互作用同样具有统计学意义（$F=204.702$，$p<0.05$），说明不同方式的课后支持在对不同运动技能水平的青少年的体育锻炼习惯养成的影响上具有显著性差异。进一步的比较研究发现，干预后不同方式的课后支持对不同运动技能水平的青少年在体育锻炼习惯养成方面的作用存在显著性差异，网上自学方式与无课后支持对青少年体育锻炼习惯的养成没有明显的作用；运动技能水平低和运动技能中等水平的青少年对体育锻炼习惯养成的促进作用没有显著性差异；完全支持对技能水平高的青少年在锻炼习惯养成方面的效果要显著高于其他支持方式；半指导支持方式对技能水平中低的青少年的效果要比其他方式好，因素变量各水平间存在显著性差异。

4.2 课后学习支持对不同运动技能水平的青少年体育锻炼效应的影响

4.2.1 自我效能

协方差分析结果表明，前测成绩对后测成绩有影响（$F=35.038$，$p=0.046<0.05$），在控制了协变量影响的条件下，课后支持具有主效应（$F=105.048$，$p<0.05$），说明不同方式的课后支持对自我效能具有显著性差异；技能水平的指标（$F=64.011$，$p=0.019<0.05$）表明，不同的运动技能水平之间的差异十分显著；课后支持和技能水平之间的交互作用同样具有统计学意义（$F=96.884$，$p<0.05$），说明不同方式的课后支持在对不同运动技能水平的青少年的体育自我效能的影响上具有显著性差异。进一步的比较研究发现，干预后不同方式的课后支持对不同运动技能水平的青少年在体育自我效能方面的作用存在显著性差异，网上自学方式与无课后支持对青少年的体育自我效能没有明显的

作用；运动技能水平低和运动技能中等水平的青少年对体育自我效能的促进作用没有显著性差异；完全支持对技能水平高的青少年在自我效能方面的效果要显著高于其他支持方式；半指导支持方式对技能水平中低的青少年的效果要比其他方式好，且因素变量各水平间存在显著性差异。

4.2.2　主观锻炼体验

协方差分析结果表明，前测成绩对后测成绩有影响（$F = 59.896$，$p < 0.05$），在控制了协变量影响的条件下，课后支持具有主效应（$F = 171.962$，$p < 0.05$），说明不同方式的课后支持对主观体验具有显著性差异；技能水平的指标（$F = 1.685$，$p = 0.008 < 0.05$）表明，不同的运动技能水平之间的差异十分显著；课后支持和技能水平之间的交互作用同样具有统计学意义（$F = 145.681$，$p < 0.05$），说明不同方式的课后支持在对不同运动技能水平的青少年的体育主观体验的影响上具有显著性差异。进一步比较研究发现，干预后不同方式的课后支持对不同运动技能水平的青少年在体育主观体验方面的作用存在显著性差异，网上自学方式与无课后支持对青少年的体育主观体验没有明显的作用；运动技能水平低和运动技能中等水平的青少年对体育主观体验的促进作用没有显著性差异；完全支持对技能水平高的青少年在主观体验方面的效果要显著高于其他支持方式；半指导支持方式对技能水平中低的青少年的效果要比其他方式好，且因素变量各水平间存在显著性差异。

4.2.3　锻炼兴趣

协方差分析结果表明，前测成绩对后测成绩有影响（$F = 27.488$，$p < 0.05$），在控制了协变量影响的条件下，课后支持具有主效应（$F = 83.572$，$p < 0.05$），说明不同方式的课后支持对锻炼兴趣具有显著性差异；技能水平的指标（$F = 28.326$，$p < 0.05$）表明，不同的运动技能水平之间的差异十分显著；课后支持和技能水平之间的交互作用同样具有统计学意义（$F = 73.670$，$p < 0.05$），说明不同方式的课后支持在对不同

运动技能水平的青少年的体育锻炼兴趣的影响上具有显著性差异。进一步的比较研究发现,干预后不同方式的课后支持对不同运动技能水平的青少年在体育锻炼兴趣方面的作用存在显著性差异,网上自学方式与无课后支持对青少年的体育锻炼兴趣没有明显的作用;运动技能水平低和运动技能中等水平的青少年对体育锻炼兴趣的促进作用没有显著性差异;完全支持对技能水平高的青少年在锻炼兴趣方面的效果要显著高于其他支持方式;半指导支持方式对技能水平中低的青少年的效果要比其他方式好,因素变量各水平间存在显著性差异。

4.3 课后学习支持方式对不同运动技能水平的青少年自主学习能力的影响

协方差分析结果表明,前测成绩对后测成绩有影响($F = 32.025$, $p < 0.05$),在控制了协变量影响的条件下,课后支持具有主效应($F = 430.851$, $p < 0.05$),说明不同方式的课后支持对自主学习能力具有显著性差异;技能水平的指标($F = 3.018$, $p = 0.042 < 0.05$)表明,不同的运动技能水平之间的差异十分显著;课后支持和技能水平之间的交互作用同样具有统计学意义($F = 376.973$, $p < 0.05$),说明不同方式的课后支持在对不同运动技能水平的青少年的体育自主学习能力的影响上具有显著性差异。进一步的比较研究发现,干预后不同方式的课后支持对不同运动技能水平的青少年在体育自主学习能力方面的作用存在显著性差异,网上自学方式与无课后支持对青少年的体育自主学习能力没有明显的作用;运动技能水平低和运动技能中等水平的青少年对体育自主学习能力的促进作用没有显著性差异;完全支持对技能水平高的青少年在自主学习能力方面的效果要显著高于其他支持方式;半指导支持方式对技能水平中低的青少年的效果要比其他方式好,因素变量各水平间存在显著性差异。

5. 分析与讨论

5.1　课后学习支持对不同运动技能水平的青少年体育锻炼习惯的影响

本研究结果表明，实施课后学习支持对青少年体育锻炼习惯的影响远远高于无课后学习支持的学生，并且存在显著性差异。不同的课后支持方式对不同运动技能水平的青少年在锻炼习惯养成方面具有显著性差异，也为假设 H1 提供了实证支持。研究发现不同学习支持方式对青少年体育锻炼习惯的影响存在显著性差异；运动技能水平高，采用全自主学习方式对锻炼习惯养成的促进作用好于网络和半指导支持方式；运动技能水平低或中等，采用半指导学习方式对锻炼习惯养成的促进作用好于网络和全自主学习方式；而网上自学的支持方式对不同运动技能水平的青少年锻炼习惯的养成不存在显著性差异，实验结果验证了假设 H2。

造成这些结果的原因在于，采用全自主学习是学生通过自己设置学习内容和目标，自主评价自己的进步。因为学生具有较高的运动技能，所以充分发挥学生的主体作用，教师只是充当"顾问"的角色，在学生需要时和学习结束后及时地给予正确的反馈，促进学生锻炼知识、技能、情感和价值观的不断增强，从而更加主动地去参与体育锻炼。而对中等运动技能水平的青少年进行的半指导学习，虽然学习过程中会出现这样那样的问题，但是他们可以选择教师为其提供的有效技术和心理支持，同样也会对锻炼习惯的养成产生积极作用，低运动技能的更是如此。而网上自学，可能由于资源的相对零散，以及没有很好的监督，使网上学习流于一种形式，其效果自然就不如其他对照组。

课后支持的学习更多的是一种学习方法，而不是一种教学方法。鉴于当前信息技术的飞速发展，课后学习支持的学习方式充分利用多媒体、网络信息技术，改变以前单一的课堂教学模式，以现代网络信息技术为支撑，不但拥有丰富的资源，形式灵活多样，更重要的是提供了集资源、教师、学生为一体的良好的学习环境,使每位学生都能以特有的方式与学习环境进行交互作用,充分体现纲要三自主的学习精神,使高校体育教学朝着不受时间和地点约束,个性化、主动式方向发展,从而收到良好的学习效果。就体育课程体系而言,除了有传统的面授,还有借助计算机,基于网络信息的体育学习,以确保不同层次的学生在体育学习方面都能得到加强。基于此,在强调教育责任对受教育者回归的今天,本研究尝试运用计算机网络信息为青少年体育锻炼提供体育学习的课后支持,在很大程度上获得我们以前没有收到的应有的体育教学效果。课后学习支持为培养有责任心的学习者(Responsible Learners)创造条件,开展和巩固个性化、自主性的学习,激发青少年参加体育锻炼的兴趣,不断重复锻炼行为,最终养成体育锻炼习惯。

5.2 课后学习支持方式对不同运动技能水平的青少年锻炼效果的影响

本研究结果表明,课后学习支持对不同运动技能水平的青少年能够产生积极的体育锻炼效果,且积极情感具有中介作用。采用全自主学习的高级运动技能组所产生的积极的锻炼效果优于其他组;采用半指导学习的中低级运动技能组对积极情感的促进作用好于网上自学和全自主学习方式;而网上自学的支持方式对不同运动技能水平的青少年积极锻炼效果不存在显著性差异。但在自我效能方面,采用全自主学习的高运动技能组的青少年自我效能感最高。这也为假设 H2 提供了实证支持。

积极的锻炼效果是体育锻炼实现价值的副产品,同时又是体育锻炼的推动力。在体育锻炼中自主(autonomy)学习,是与"不自主"相对的概念,自主学习者能够按照自己的意志决定自己的学习,实行自我管理、自我教育和自我服务的一种行为状态。所以在很大程度上能够满足个体的需求,激发体育锻炼的激情和兴趣,个体获得从事体育锻炼的真正动力——积极情感和运动兴趣,最后形成体育锻炼习惯的链式循环。积极的锻炼效应是一种动机力量,激励人的力量、魄力和自信。同时与具有自信的个人品质之间要通过积极情感的激励使青少年在完成锻炼任务时坚持不懈,使人勇于承受锻炼过程中的压力和挫折,提高克服困难的能力,由此而带来青少年对未来的信心,坚定锻炼的信念,坚持并达到目的。在体育锻炼中,通过课后学习的支持,增加体适能健康水平,学生又能从锻炼中获得积极的情感体验,加上锻炼中的成就,带来了心理上的满足,从而给个体带来幸福感。而幸福感是人类所共同的追求。这样,建立起来的情感体验,又会反过来强化锻炼行为,持续不断的锻炼行为在积极情感与成就感的不断激励下,就会形成良好的体育锻炼习惯。而在自我效能方面,采用全自主学习的高运动技能组的青少年最高,是由于他们具有较高的运动技能,相比较其他组而言,这是一个明显的优势。

网上自学的支持方式对不同运动技能水平的青少年的积极情感不存在显著性差异,这是因为网上自学方式存在着监管不力,缺乏有效的"管制"和自律,所以在积极情感体验方面效果不明显,而在自主学习过程中,在青少年体育锻炼过程中存在不同程度的"管制","管制"一定条件下限制青少年"自主",同时也为青少年搭建更好的"自主"平台,另一方面也是对"自主"不足的救济,矫正"自主"过度,从而保证"自主"的实现,但两者都是以"自主"为最终目标。

5.3　课后学习支持方式对不同运动技能水平青少年自主学习能力的影响

本研究结果表明,课后学习支持能够提高不同运动技能水平的青少年的自主学习能力,从而促进青少年体育锻炼习惯的养成。高运动技能水平,采用全自主学习,对青少年自主学习能力的效果要好于其他组,采用半指导学习的中低级运动技能组对自主学习能力的促进作用好于网上自学和全自主学习方式;而网上自学的支持方式对不同运动技能水平的青少年自主学习能力的作用不存在显著性差异,从而验证了 H3 的假设。正如中国工程院院士周济所说:"要鼓励学校大胆探索体育教育教学的改革,在培养学生的体育锻炼习惯、科学方法和运动爱好上多下工夫,发挥学生的主动性、积极性……"(中国学校体育,2008)。网络多媒体技术介入体育学习后,开始确立一种以学生为主的、积极主动的个性化学习方式,赋予学生更多的参与机会。使体育学习突破时空的限制,拓展学习内容,为学生提供个性化的学习,使学生在现有知识技能基础上,通过自身的学习来实现学习目标。同时多媒体网络学习也可以增加学习的趣味性,提高学习效率。学生按照自己的运动技能水平和需要选择适合自己的学习方式、学习材料,在教师的指导下,自己设定目标,通过自测反馈信息,洞悉问题等。所以通过课后学习支持,采用全自主学习的高运动技能组、采用半指导学习的中低级运动技能组的自主学习能力都有大幅度的提高,验证了 H4 的假设。但是多媒体网络学习对学生有较高的要求,要求学生首先要具备多媒体网络操作的基本能力和一定的自学能力,所以在研究之前需要对学生进行必要的操作技能培训。

然而,在课后学习支持中,网络多媒体并不意味着能取代教师的主导地位和作用,相反还应强化老师的作用,本研究中的全自主学习方式,也并不是所谓的"放羊式"的教育,在课后学习支持过程中,教师指导学生设定适当的学习目标和可行的学习计划,构建知识,发展运动技能,同时对学生的学习结果进行反馈,让学生了解自己的学习情况,发现问题,解决问题。同时,教师充分利用网络环境创造各种交流信息平台,如 E-mail、QQ 等对学生进行"顾问"和指导,学生可以咨询一些体育锻炼过程中出现的与知识和技能相关的问题,还可以和教师一起讨论锻炼知识和动作技能,对于教师的见解,学生可以接受也可以保留意见。

此外,由于是多媒体网络学习,同时也是课后学习支持,所以对学习进行监控是必要的,如果失去监控,就会出现网上自学的支持方式对不同运动技能水平的青少年自主学习能力的作用不存在显著性差异的结果。因此,教师可以通过学习指导、现场观察、效果评估等来实现对学生体育学习的监督,通过监控,教师可以及时了解学生的学习态度,以及一些情感因素,制止一些不适宜的行为。在网络多媒体环境下,通过激发体育锻炼的兴趣,培养青少年体育自主学习能力,从而形成持久的锻炼动机,最终养成良好的体育锻炼习惯,实现"健康第一"的教育目标。

6. 结论与建议

6.1　结论

(1) 课后对学生进行学习支持与没有学习支持对青少年体育锻炼习惯形成的效果存在显著性差异。

(2) 不同的课后学习支持方式对不同运动技能水平的青少年体育锻炼习惯形成的效果存在显著性差异。高运动技能水平、全独立自主方式对锻炼习惯养成的促进作用好于网上自学和半指导学习支持;中等运动技能水平、半指导学习对锻炼习惯养成的促进作用好于网上自学和全独立自主学习支持;低运动技能水平、半指导学习对锻炼习惯养成的促进作用好于网上自学和全独立自主学习;网上自学的支持方式对青少年锻炼习惯的养成不存在显著性差异。

(3) 课后学习支持对不同运动技能水平的青少年能够产生积极的体育锻炼效果,且自主学习能力和积极情感具有中介作用。

6.2　建议

(1) 在培养青少年体育锻炼习惯方面,大学体育教学要尽可能利用计算机/网络等现代技术手段,提倡学生的自主学习,增强体育锻炼的能力。

(2) 高校要加大对体育学习环境的资源投入,有条件的可以开发系统的体育自主学习中心(Self-access Centre,简称 SAC)。

(3) 正确处理好"自主"与"管制"的关系,"管制"是为了保证"自主"的实现,两者相辅相成,辩证统一。

第6章 青少年体育锻炼习惯养成的个案研究

第1节 打造学校体育品牌,促进青少年体育锻炼习惯养成——上海市川沙中学个案研究

党中央、国务院高度重视学校体育,党的十八届三中全会做出了强化体育课和课外锻炼的重要部署,国务院对加强学校体育提出明确要求。《国务院办公厅关于强化学校体育促进学生身心健康全面发展的意见》(国办发〔2016〕27号)指出,强化学校体育是实施素质教育、促进学生全面发展的重要途径,对于促进教育现代化、建设健康中国和人力资源强国,实现中华民族伟大复兴的中国梦具有重要意义。深化教学改革,强化体育课和课外锻炼,到2020年,学生体育锻炼习惯基本养成,运动技能和体质健康水平明显提升,规则意识、合作精神和意志品质显著增强;政府主导、部门协作、社会参与的学校体育推进机制进一步完善,基本形成体系健全、制度完善、充满活力、注重实效的中国特色学校体育发展格局。

川沙体育清晰地勾画出未来我国学校体育现代化的路线图:"到2020年,基本形成体系健全、制度完善、充满活力、注重实效的中国特色学校体育发展格局"。上海市川沙中学创建于1942年,是一所既有深厚的文化底蕴,又有优良的办学传统的历史老校。从20世纪50年代起,就被确立

为重点中学,现为上海市实验性示范性高中。学校连续十一届 22 年获得上海市文明单位称号。"主动学习,创新发展"是学校的办学思想,"使每一个学生成功"是学校的办学目标。"校风朴实、教风扎实、学风踏实"是学校的办学传统。学校在体育教育、国际化教育等方面形成特色,并产生了较为广泛的影响。体育是川中的传统和特色,也是学校推进素质教育的有力抓手。学校体育教学改革,以培养学生主动锻炼意识,促进合作精神和集体意识,增强学生体质为方向,以"主动锻炼、学有所长、磨炼意志、强健体魄"为宗旨,坚持面向全体学生,以动为主,增强实效,探索多种途径,构建学校体育课程体系,优化教学策略,改善学习方式,实现体育学科教学的整体改革。

体育教学以"学分制评价""选项教学""混龄教学"为教学模式,按照二期课改精神对体育学科进行重新设计和改革,形成了学校体育教学特色,学校自 2007 年至今连续被授予上海市体育项目传统学校,2008 年起连续评为区体教结合学校。在 2012 年 11 月,被市教委确定为参与上海市"高中体育专项化"教学改革试点单位。学校有近 3 500 平方米的体育馆、塑胶田径场和多个全塑胶篮球场。

学校关注学生差异,促进全面协调发展,构建学校课程体系。学校在体育教育教学改革上有着清晰的思路,从 2000 年起,就率先开展以"混龄教学"为特征的体育教学改革。经过十几年的不懈努力,形成了具有川沙中学特点的体育教学特色。在学校的发展中起到举足轻重的作用。中央电视台、解放日报、新民晚报、上海电视台等媒体对该校体育特色进行过多次报道。

1. 领导重视、指导思想明确是促进学生养成体育锻炼习惯,培养学生全面发展,实现立德树人的关键举措

当前的教育站在新的历史起点,在实现教育现代化的进程中,学校体育的战略地位更加凸显,不仅能够锻炼体质、塑造人格、培养智商情商,还能教育学生遵守规则,体会集体主义,团队精神和平等公正等社会主义核心价值观的内涵。因此,必须跳出体育看体育,深刻认识学校体育在学生体育锻炼习惯的养成,促进学生全面发展中不可或缺的作用。

"学校办得好不好,在很大程度上要看体育工作到底落实了没有,学生是否具有体育锻炼的自觉意识、热情和能力",川沙中学原校长陈忠新认为,看体育不仅要看"场景",看操场、体育馆,而且要看学生的参与面和运动的质量。他强调说"体育,不是点缀,也不是花瓶,常态化体育,通过采用科学的运行机制和教学方法,使'健康第一'在学校全面落实"。作为上海市特级校长、全国百名中学体育工作优秀校长,陈忠新带领学校荣获全国及上海市群众体育工作先进集体、上海市体育工作先进集体、上海市体育传统项目学校,其"混龄教学　魅力体育———一所普通高中对体育教学模式改革的探索"于2013年获上海市级教学成果奖一等奖。他用自己的亲身经历解读了对体育的深刻理解和认识。从美国访问归来的陈忠新,深深感慨美国孩子对体育的热情,也被他们自信、乐观的精神感染。他比较中国与美国对体育的理解,感慨颇多,他说,体育是促进学生健全人格,健康成长和健康发展的重要工具和手段,国外青少年对体育十分重视,青少年课外都积极参与体育活动。回国后,川中体育课就开始改头换面:先是大大提升体育课的"地位",然后引进足球、篮球、武术、健美操等6个专项课程。最"大胆"的尝试,就是"师兄带师弟"的体育混龄教学方式。

2. 面向全体学生,深化改革学校体育,让体育成为"最开心"的课

科学的规划教学内容,组织学生的课余训练,实现课堂教学和课余训练的有机结合,是学校体育工作最基础的任务。进一步推进学校体育课程改革,科学规划学校体育的教学内容,完善课程体系建设,改进体育课程评价模式,积极开发引进新兴体育运动项目,丰富教学内容,进一步优

化本科体育课程种类与结构,根据不同学生的不同情况因地制宜地设计教学内容、教学方法,使体育课满足学生的不同需求,逐步形成"一校一品""一校多品"教学模式,激发学生上好体育课,喜欢体育课,"培养学生兴趣,养成锻炼习惯,掌握运动技能,增强学生体质"。

川沙中学立足于学生全面发展,坚持"健康第一"的原则,从改革体育教学入手,先后推出了"混龄教学""选项教学""学分制评价"等多项举措,旨在深化体育学科的内涵,增加体育的吸引力,从而使体育锻炼"常态化"。事实证明,只有激发学生的兴趣,才能使体育从"学科本位"走向"生活方式"。而高中体育专项化改革,则是为这种转型提供了更好的契机。同时,学校按学生体育锻炼的规律,设计了"三阶段教学":高一上为打基础和选项阶段;高一下至高三上为特长发展阶段;高三下为综合能力提高阶段。学生的基础、特长和综合能力的发展提高得到了切实保障。

在学校的足球场上,经常可以看到这样的场面:高二的"师兄们"正带高一的"师弟们"进行攻防演练,两人一组表现"捆绑评定"。这是最普通的一堂体育课,特有的"混龄教学"方式,让体育课成为学生"最开心"的一项课程。同学们在这种"我是师父也是徒弟"的相互学习中,掌握知识技能的时间缩短了,2～3项的体育特长发展了,社交能力也提高了。高一(2)班学生顾淑莺说:"体育课上的'混龄教学',不仅增强了我们的身体素质,也培养了我们的合作意识和自主能力。"体育教研组组长凌军说,这样的教学方式,远比"我教你学"来得活跃,"师兄"和"师弟"间的互动、较量,既减少学习体育技能的时间,也让原本枯燥的体育课更生动,更有乐趣。

据介绍,从2000年起,学校就率先开展以"混龄教学"为特征的体育教学改革。经过十几年的探索,已经形成鲜明的体育教学特色,逐步形成了以"混龄教学""选项教学""学分制评价"为特色的成熟的课程体系。早在七八年前,学校就完成了《体育与健身——川沙中学体育》校本教材的编写与实施,《混龄教师,打造魅力体育》一书由上海教育出版社出版。

"混龄教学"，遵循教学相长的规律，符合学生的认知特点。这样的模式，将在学校承担的高中专项化体育教学改革中得到广泛和深入的运用。学校在编班授课专项的基础上，尝试运用混龄的模式进行编班。在授课模式上，把每个教学班由一位教师包教的模式改变为以一位专项教师为主，其他教师兼授必修与副项的模式。在专项打基础与体验阶段，独立地打基础；在专项技能发展阶段，与高年级学长、学姐专项合作；在专项技能提高阶段，与低年级学弟、学妹专项合作；在专项独立技能发挥阶段，通过混龄选项教学，学生掌握专项技能的时间缩短了，体育特长也能得到有效发展。由于打破了年级、班级的界限，教学竞赛和体育活动可以更激烈、更活泼，也为专项技能高的同学提供了更高的自主活动的平台。"混龄教学"的形式，不仅能够兼顾专项水平，进行分层教学，还能够为学校高水平运动队选拔人才，并为学校运动队的组建打好基础。

3. 关注学生差异，促进全面协调发展，让每位学生体验成功，使体育成为一种生活方式

体育"三阶段"教学精彩纷呈，各具特色。必修课有背跃式跳高、竞走、4×100 米接力、三级跳远等；选修课从高一下学期开始，学生可以选自己喜欢的裁判、篮球、足球、健美操等。独特、丰富的必修、选修相结合的体育教学，真正变"要我学"为"我要学"，同学们都说："我们喜欢上体育课！"学校认真制订方案，采用 30 人以下小班进行组织分班；采用一节课 80 分钟、一节课 40 分钟的一长一短的课时安排；还招聘引进优秀师资、聘请体育专家指导，开设男篮、女篮、足球、羽毛球、武术、健美操六门专项课程，并在三个年级全面推进体育专项化教学改革。陈忠新介绍说，与传统体育课"面面俱到"但学生无法精通某一项运动技能不同，如今学生可以在足球、篮球、羽毛球、武术等 6 个项目中自由选择，力争在三年内学会一到两项锻炼技能。

4. 以学生体育社团及高水平运动队(员)建设为抓手,搭建学生体育竞赛体系,引领和繁荣校园体育文化

学生体育社团建设、高水平运动队建设和体育竞赛依托于体育教学和运动训练,同时,又是体育教学和运动训练效果的展示,让广大同学能够对体育课,对体育竞赛产生兴趣,主动参与体育训练和比赛,使学生在体育竞赛的过程中得到全面的发展,也能"为有体育特长的学生提供成才路径,为国家培养竞技体育后备人才奠定基础"。

科学地组织学生的课余训练,加强体育社团规范化管理,形成课内外一体化、校内外相结合的群体模式;鼓励与聘请若干体育教师、校外名师、著名运动员深入指导学生体育社团开展运动训练,制定学校体育课余训练与竞赛管理办法,完善和规范学生体育竞赛体制,完善教学、群体、高水平一体化,扎扎实实地开展丰富多彩的校内竞赛,整合赛事资源,"系统设计并构建相互衔接的学生体育竞赛体系",提高学生参与体育课,参与体育锻炼,参与体育竞赛的积极性,切实提升学生身心健康水平和丰富校园文化。

川沙体育具有很高的地位和受众面,学校获得2013年上海市阳光体育大联赛广播操比赛三等奖,校射击队、田径队,男女篮球队、男子足球队近几年在上海市浦东新区中小学阳光体育大联赛的各种比赛中屡获佳绩。学校四个年级每学年大大小小的体育比赛活动场次,一般都在500场左右,参加人次超过9 000人次。学校的运动会非常有特色,学校每学期举行一次运动会。以前学校每一次开运动会,总是需要动员,女孩子们更是能躲就躲。如今每年秋季的学校运动会"盛况空前",两天的比赛,有5 000人次左右的学生参与,超过90%的裁判和工作人员都由学生担任,运动会实现无纸化、智能化。一年春、秋两次运动会,就是为了让学生有更多的参与机会;夏季运动会以展示特色和体育教学成果为主。

值得一提的是,学校教师的体育健身活动也被纳入平时的课程中,安排了每周两次各一个半小时的锻炼时间,开设有太极拳、羽毛球、篮球、乒乓球、综合健身等项目,供教师选择。学校还实行严格的考勤制度,并在每学期中举行各项目的比赛,对坚持参加锻炼和成绩优秀的教师进行奖励,让教师更好地为学生树立起体育锻炼示范榜样。健身育人已经深深植根于每一位在校师生的心中,已形成了一种文化。

5. 以评价为龙头,进一步加强师资队伍建设,充分发挥团队的凝聚力与战斗力

师资队伍建设是做好体育教学和课余训练、建设和竞赛的关键。川中采取以评促建,加强师资队伍建设,形成和完善一整套的包括对学生评价、体育课评价,对学生通过体育课、课外体育锻炼以及体育比赛应该得到什么,如何进行考评在内的学校体育教学、训练、竞赛和整个学校体育工作的评价指标体系,并纳入整个学校办学水平、办学条件和教育水平的总体评估中,开创新时期学校体育工作的新局面。

川沙中学每个学生都有"体育学号",这个学号记录着高中三年所修的体育学分。学校有一条严格规定:学生体育学分没有修满,就拿不到毕业证书。想要修满体育学分,也并不是难事。除了体育课之外,广播操的出勤率、参与体育活动的热情,甚至参加运动会的组织和裁判工作,都可以计入体育学分。不过,每一年总有个别学生,会倒在这样一个"严标准"上。英语老师出身的陈忠新,对于国外的体育课程有着比较深刻的了解:"国外的高中生,很大一部分的时间,在运动场上度过。比如法国,他们的高中生没有文化课的高考,但要经过体育合格考试。"

在川中,还有一条不成文的"规矩":任何学生想要参选优秀或获得荣誉,体育成绩必须及格,如果体育"挂灯笼",那就只能"一票否决"。将体育放在如此重要的地位,多少有点"标新立异"。陈忠新说,不能忽视体育的教育功能。体育运动可以锻炼学生的毅力,也能培养他们的拼搏精神,让学生在锻炼中变得更加阳光,同时信心也得到提升。"这些宝贵的财富

能够陪伴他们一生。"

十多年前,2004届毕业生瞿佳音在大学里当上了学生会近20年来的首位体育女部长。她并不是体育特长生,却有着健康的体魄、阳光的外表和充满魅力的人格。此后,"会读书又能打球"的川沙中学毕业生,开始活跃于各所大学的体育社团之中。

张森生老师是学校的语文教师,在香港国际武术节上获得男子冠军后,不少学生表现出浓厚的兴趣。最终全校共有180名学生选了太极拳课,分为6个教学班,由张森生老师带教。教师一专多能在川中并不少见。数学教师上足球课,语文教师带羽毛球社团……体育教师的队伍不断充实。不少高中体育教师的教学项目不是自己的运动主项,要通过专业化的业务培训提高教学能力,这"倒逼"体育教师进修提升"一专多能"。此外,学校与高校体育教师或专业教练合作,引进了"外援"师资。

6. 以制度建设和宣传工作为保障,使学校体育的育人功能得到充分彰显

修订和不断完善体育工作管理制度,使教学管理规范化与制度化,为体育工作提供制度保障。形成一整套地对学校体育的教学、训练、竞赛和整个学校体育工作的评价指标体系,进一步加强体育课程与教学质量工程建设,提升学生体质健康水平。体育在川沙中学受到特别的"待遇",而且具有"常态"的特点。从2008年起,川中就把每年一次的运动会"单放"改成了春、秋两季各开一次的"双飞"。这一改,让学校运动会成为检验和激发体育的增长点,毕竟"偶"数蕴含的价值比"单"数要丰富得多。

川中充分运用媒体、论坛等手段大力宣传学校体育的综合育人的价值,公共体育工作对学生发展,对学生精神面貌,对学校整个精神状态的影响;做好学校体育教学、训练和竞赛工作的宣传工作,做到校内媒体的全覆盖,营造浓厚的校园体育文化氛围。通过对公众的宣传,让全社会认识到学校体育的重要性,也会对学生产生影响,这为整个学校体育工作营

造了一个良好的氛围,而发挥学校体育教育方面的人才和知识优势,又能够在全社会营造一种关注学校体育的氛围。

川沙中学体育教学的特色建设,引起了兄弟省市学校的关注。学校每年都要接待来自各省市的考察团。2011 年,在上海市委、市政府召开的"上海学生健康促进大会"上,时任校长的陈忠新代表学校做了经验介绍,得到了领导和专家的肯定与好评。2012 年,学校被推荐成为上海市高中体育专项化改革首批试点单位。作为浦东新区唯一一所试点高中,学校抓住这次机会深化体育教学改革,彰显学校特色。自 1983 年至今,学校一直是上海市体育传统项目(田径)学校。近年来,学校先后获得全国及上海市体育工作先进集体等荣誉称号,作为贯彻《上海市学校体育工作条例》的优秀学校的体育教研组,也被光荣列入"上海市 500 强智能型班组典型示范"的行列。

7. 总结

学校体育是社会的缩影和聚焦点,作为全面发展教育的一部分,应以全面深化学校体育教育综合改革为根本动力,遵循教育规律,坚持"立德树人",养成锻炼习惯,强化学校体育,践行"为了每一个学生的终身发展"的核心理念,寓教于体,体教相长。这样,才能为素质教育打开新的空间,促进学生全面发展,引导并实现中华民族的伟大复兴。

第 2 节　肥胖青少年体育锻炼习惯
养成的个案研究

1. 研究目的

John(2003)发展了身体活动的生态学模型,旨在系统地解释环境和心理因素对锻炼行为的综合影响,这一模型描述环境设置和生理(如身体状态、遗传的可能性)、心理因素(态度、效能和认知)交互作用对身体锻炼的影响。它综合了行为学、心理学和社会学等理论观点,对影响体育锻炼的因素进行比较全面的分析。本研究探索在生态化环境中,环境和心理等综合因素对单纯性肥胖青少年体育锻炼习惯养成的综合影响。

2. 研究假设

本研究提出以下预期假设。

H1:环境设置和生理、心理因素可以促进肥胖青少年体育锻炼习惯的养成。

H2:积极的情感体验对习惯的养成具有中介作用。

3. 研究方法

3.1　研究对象

本研究在选取肥胖青少年个案时,根据《国家学生体质健康标准》,结合教师和同学的日常观察,主要从身体形态、肌肉适能、柔软度、有氧适能等方面综合评定被试是否肥胖以及其体适能水平。

陈××,男,21岁,××大学大三机电一体化专业,按照《国家学生体质健康标准》,对其肥胖与体适能状况进行测量,基本情况如表6-1所示。

表6-1　陈××体质健康情况

指标	身高(cm)	体重(kg)	身体成分(BMI)	引体向上	体前屈(cm)	1 000 m
	176.4	85(<68.76)	27.3(25)	6(11)	0.8(3.0)	5'10"(4'33")

注:括号内为及格值。

陈同学身高为176.4 cm,体重为85 kg,其标准体重应该在68.76 kg左右,身体成分大于肥胖标准25,其肥胖度为23.61%,属于轻度肥胖(20%~29%),身体素质得分均不及格,说明他的体适能水平较低。另外,还根据老师和同学对其描述判断其锻炼行为。

教师描述如下:陈××,同学喊他为"胖子",体态显得有些肥胖,体育课上参与的积极性不高,其他同学在活动时,他多数处于旁观状态,平时喜欢一个人练习,稍微运动他就会大汗淋漓,气喘吁吁。由于身体不灵活,在集体活动中经常受同学的排斥、嘲笑。此外,他还经常生病请假。每次进行动作练习时,他总是显得畏畏缩缩,放不开手脚,很不好意思,缺少自信,很少主动参加到体育活动中来,对自己的身体很自卑,期末体育成绩勉强及格。同学的描述基本和老师的描述一致,他性格孤僻,要么郁郁寡欢,不与人言,要么脾气暴躁,情绪反复无常。还注意到他平时课余时间除了睡觉就是上网,上网会经常浏览各种体育新闻,"卧谈会"时也偶尔和同学谈论体育方面的内容,而且是侃侃而谈。平时,对自己的身体很不满意,和同学聊天经常抱怨自己的身体,经常对同学说"你看我胖的"。

经过综合考察,陈同学平时喜欢关注体育新闻,具有一定的体育知识,对锻炼行为的认知是正确的,他很清楚参加锻炼可以带来的好处,但是,在行为上,他很少参加锻炼,更谈不上具有锻炼习惯,分析其主要原因有:

(1)缺乏和谐的同学关系。由于其性格孤僻,很少与同学交往,缺乏良好的同学关系。

(2)缺乏身体自尊。与正常体重的同学相比,由于肥胖导致动作笨拙,不灵活,经常受同学的排斥、嘲笑,所以他缺乏身体自尊,为保护自尊心他极少甚至拒绝参加各项活动。

(3)缺乏身体自我效能感。由于肥胖,对自己完成锻炼的能力缺乏自信,怕人嘲笑,就拒绝锻炼,导致其体质虚弱,运动技能水平低下,这样很难形成成功锻炼的信念,导致自我效能感低下。

基于上述分析,确定陈××为干预研究对象,而且基本上认定,陈××很少参加体育锻炼,没有体育锻炼习惯与其肥胖具有很大的相关性。

3.2　实验设计

采用定量和定性两种研究方法。定量研究：① 采用倒返实验设计研究被试的行为改变动态；② 每阶段对其体重和测量报告进行评估,分析其运动体验。定性研究则是对同伴对被试锻炼行为的描述和被试自己的描述进行分析。

3.2.1　倒返实验设计

倒返实验设计属于应用行为分析法的一种,是单一被试的时间系列实验,研究行为与干预的因果关系,又称 ABAB 或 A1B1A2B2 设计。其设计思想是：如果行为从 A 到 B 发生变化,实验条件反转时(即返回到 A 的条件)又变回去,而当 B 再次被引进时又再次发生变化,那么,引起的行为变化可能归因于实验处理,而不是偶然机会或各种未加控制的因素(John & Russell,2003)。

3.2.2　实验变量

自变量：本研究的自变量为干预行为,通过不同的干预行为和策略来对自变量进行控制。

因变量：锻炼行为和感受的变化、体适能、主观锻炼体验、身体自尊、自我效能感、锻炼习惯。

无关变量：同学的注意,环境的改变以及对干预效果的期待等。在对无关变量严格控制的条件下,观察其实验效应,最大限度地减少实验误差,使实验趋于科学。为了减少无关变量的干扰,在实验前对参与的同学和老师进行培训,在实验观察中不要让被试察觉到观察和记录。除了干预行为外,尽量保持各种环境和教学的正常进行。

3.2.3　测量工具

国家学生体质健康标准、青少年体育锻炼习惯量表、身体自我效能感量表、主观锻炼体验量表、身体自尊量表。

3.2.4　实验程序

A1 阶段对实验被试的问题行为做自然测量和记录,以这些测验资料

为基准线水平。确定锻炼时间为周三、周四晚上 8 点到 9 点半之间,此时段与人接触较少。(第 1 周)

B1 阶段引入实验干预措施,观测被试的问题行为在干预条件下的变化,并给出行为变化曲线。(2~10 周)

A2 阶段停止实施的干预措施,观测停止后被试问题行为的变化。(11~13 周)

B2 阶段再次引入实验干预措施,观测被试的问题行为在干预条件下的变化。(14~20 周)

3.3　统计方法

通过中文 EXCEL 和 SPSS 15.0 统计软件对研究数据进行统计处理。

4. 干预目标

通过综合分析,陈××没有锻炼习惯的原因相对比较清晰,本研究并不期待着陈××通过 20 周的干预,能够形成十分稳定的体育锻炼习惯,但是可以预期以下的干预目标:

(1)改善同伴关系,促进运动参与。通过同伴与其交往,提高运动参与度,运动参与时间的目标为至少每周 2 次以上,每次不低于 30 分钟;运动范围则从田径场到篮球场、羽毛球馆等。

(2)体验锻炼的积极效果,增加锻炼的主动性和稳定性,从而提高锻炼习惯的强度。通过锻炼体重显著减少,体适能明显增加,实现减肥目标,更重要的是获得锻炼的积极体验,从而增加锻炼的主动性和稳定性,最终形成锻炼习惯。

5. 干预方案

针对陈××锻炼行为的分析,本研究将干预的重点放在关系(和同学的关系以及和环境的关系)的改善、体质健康状况的改善和积极情感的增强三方面,其中关系的改善是基础,体适能水平的提高是保障,积极情感的增强是关键。因此,干预研究分为两个阶段:第一阶段的主要目的是改善关系,通过营造良好的同学关系和环境,调动参与体育锻炼的主动性,增强身体自尊;第二阶段除了保持关系之外,重点是提升自我效能感和积极的主观锻炼体验。

5.1　关系和体质健康状况改善阶段的行为设计

这里所谈的生态化,是指个体正在经历的,对个体的发展具有直接和间接影响的相互作用的各种环境。陈××行为的主要问题是与周围环境的互动性较少,笔者认为这种与环境的互动性其实就是作用于体育锻炼习惯养成的系统因素,而环境的互动包括人与人之间相互作用的动态过程,以及人与锻炼中微系统维度的互动,如运动场地设施等,大量的研究表明同伴的互动在学生个体中对学生学习态度、学习效果和学习情绪等均产生了极大的作用,从而在很大程度上影响了学生个体的认知力和判断能力。正如皮亚杰在阐述"同伴影响"时所说,同伴间社会影响也是认知发展的重要源泉。而体质健康的状况直接影响着个体能否顺利进行体育锻炼,是个体能够完成动作技能的基础。因此,在关系和体质健康状况的改善阶段,本研究以主动邀请建立关系和标记性表扬塑造行为作为切入点。

开始阶段,考虑到个体较差的体适能基础、较低的身体自尊和自我效能,选择每周三、周四晚上8点到9点半之间在操场或校园内慢跑,这样对个体的运动技能要求相对较低,并且此时段与人接触较少,有利于保护其自尊。而标记性表扬是指以一种非常特定的方式表扬积极的行为与特性。标记性表扬是一种强化积极行为,表扬具体行为而不是泛泛而谈,且表扬逐渐符号化、特定化,旨在对具体、积极的行为形成有效的强化。总之,关系和体质健康状况的改善干预设计是以学生熟悉的、简单的锻炼行为作为切入点,目的是营造友好的氛围,改善同学关系和减轻肥胖,提高体适能健康水平,本阶段个体在锻炼中的运动技能水平高低并不重要,重要的是个体可以主动地参与锻炼,并能够体验到锻炼的乐趣。

5.2 提高运动技能和自我效能感,获得积极锻炼效果的设计

从第14周开始进入干预的第二阶段,主要目的是提高运动技能和自我效能感,增加关系范围,不断获得积极的情感体验。此阶段主要是扩大参与的运动项目和时间范围,由单一的晚上慢跑逐渐调整为开放式的篮球、羽毛球项目为主,加上抗阻性力量练习,时间也由晚上提前到下午,继续采取标记性表扬,但是在使用标记性表扬时,要采用选择性注意、策略性忽视的策略,即有意忽视不恰当的行为而积极关注恰当的行为,与前阶段相比,真实情景充分增加,在真正的锻炼情境中激发个体的锻炼兴趣,获得积极的锻炼体验,并逐渐形成锻炼习惯。

6. 干预结果

6.1 定量研究结果

6.1.1 干预对陈××每周锻炼频率和时间的变化(见图6-1、图6-2)

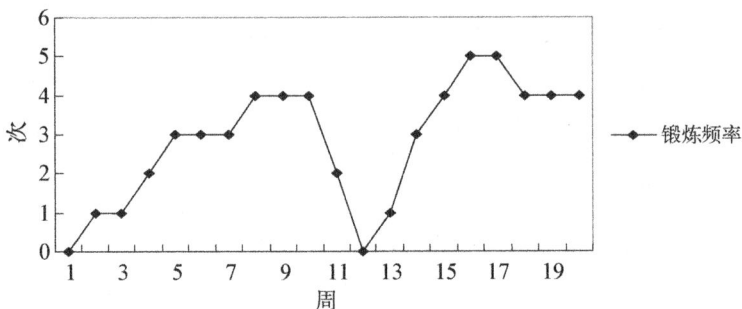

图6-1 锻炼频率变化图

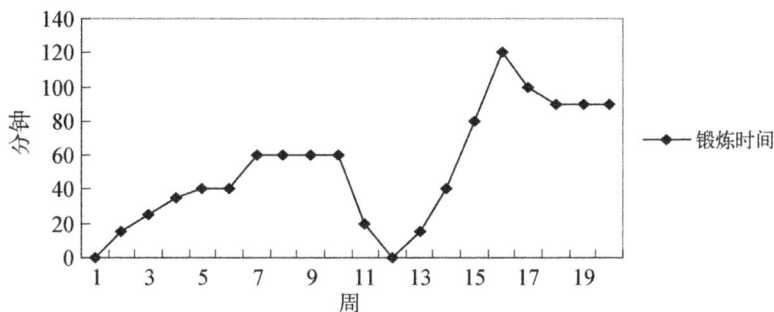

图 6-2　锻炼时间变化图

从图 6-1、图 6-2 可以看出,在 A1 阶段陈××参加体育锻炼次数非常低,几乎就不参加体育锻炼。B1 阶段又可以分为两个时期,第一个时期陈××在同学的邀请下,两周只参与体育锻炼一次,而且时间很短,只是象征性地应付,进入第三周后每周锻炼次数和每次锻炼时间接近阶梯式稳步上升,第五周后连续在 3 次以上,每次锻炼时间从第四周就超过 30 分钟。在 A2 阶段每周锻炼次数和每次锻炼时间都急剧下降。在 B2 阶段,陈××的锻炼次数呈显著增加,每次锻炼时间呈直线上升,直到 17 周后,每周锻炼频率和每次锻炼时间趋于稳定,每周 4 次,每次平均在 90 分钟左右。我们对各阶段的行为差异的显著性进行了检验,采用单因素方差分析(Bonferroni 多重比较方法)检验各阶段均值之间的差异,发现 B2 阶段与 A1 和 A2 具有显著性差异,与 B1 阶段差异不显著。充分说明干预效果是显著的。

6.1.2　干预对陈××体适能分值的变化(见图 6-3)

从图 6-3 可知,体适能各项指标都取得了一定的进步,具体如下:在 A1 阶段陈××的体适能水平非常低,属于中度肥胖。B1 阶段后期体重和身体成分明显下降,肥胖度降为 12.5%,处于超重状态。1000 m 成绩 4′30″ 超过及格标准,有十分显著的提高。在 A2 阶段的第 13 周,体重则急剧上升,重新回到中度肥胖行列,肥胖度为 21.8%。在 B2 阶段,随着陈××锻炼次数的增加,其各项指标经过反弹后,17 周后重新回到正常状

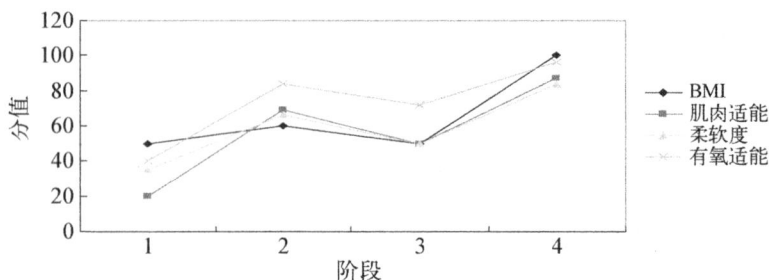

注：BMI 值 50＝肥胖；60＝超重；100＝正常

图 6‐3　体适能变化图

态,体适能整体水平有非常显著的变化,且整体水平趋于稳定。通过对各阶段值的比较发现,B2 阶段与 A1 和 A2 阶段具有显著性差异,与 B1 阶段差异不显著,充分说明干预效果是显著的。

6.1.3　干预对陈××心理效应的变化(见图 6‐4)

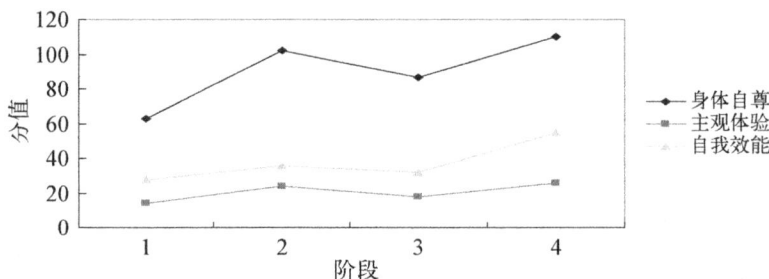

注：主观体验的分值满分 28 分。

图 6‐4　心理效应变化图

从图 6‐4 可知,陈××的锻炼心理效应都有显著变化。具体如下:在 A1 阶段陈××的各项锻炼心理效应分值都很低。B1 阶段后期身体自尊和主观锻炼体验有非常显著的提高,但是在自我效能感方面则不明显,几乎没有取得进步。在 A2 阶段的第 13 周,身体自尊和主观锻炼体验呈微弱下降趋势,自我效能感没有太大的变化。在 B2 阶段,身体自尊和主观锻炼体验的进步幅度也趋于平稳,而自我效能感与前几阶段相比有十分显著的差异,呈直线上升趋势。进一步比较发现,在身体自尊和主观锻炼体验方面,B2 阶段与 A1 具有显著性差异,与 B1、A2 阶段差异不显著,充分说明身体自尊和主观锻炼体验干预效果是显著的,且较早的出现。自我效能方面 B2 与 A1、B1、A2 具有显著性差异,A1、B1、A2 之间不存在显著性差异。这说明陈××的锻炼自我效能感效应出现在最后阶段。

6.1.4 干预对陈××体育锻炼习惯强度的变化

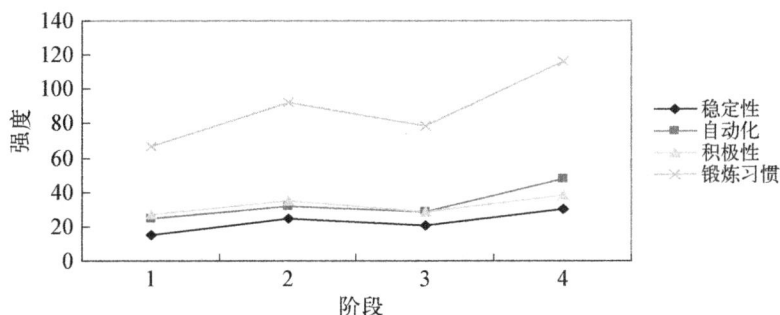

图 6-5 体育锻炼习惯变化图

从图 6-5 可知,陈××的锻炼习惯强度总体上是在不断增加,各维度的效应都有变化。就总体而言,A1 阶段陈××的锻炼行为习惯水平很低。B1 阶段后期有所提高,但是并不明显。在 A2 阶段的第 13 周,锻炼习惯强度略有下降。在 B2 阶段,锻炼习惯强度水平与前几阶段相比有十分显著的差异,呈明显的直线上升趋势。对各阶段的均值差异的显著性进行了检验,可以看出,在锻炼习惯强度方面,B2 阶段与 A1、B1、A2 具有显著性差异。这说明陈××的锻炼习惯水平在最后阶段增幅较大。对各阶段值的差异的显著性进行了检验后发现,各维度变化具体如下:锻炼行为和锻炼效果与前面分析相一致,在自动化方面,A1 阶段陈××的锻炼行为的自动化水平几乎处于"不符合"状态,B1 阶段后期有所提高,但是并不明显。在 A2 阶段的第 13 周,自动化水平略有下降。在 B2 阶段,自动化水平与前几阶段相比有十分显著的差异,呈直线上升趋势明显。这说明陈××的锻炼自动化水平在最后阶段呈现上升趋势,干预收到了积极的效果。

6.2 定性研究结果

通过同学观察报告研究表明,在干预的不同时期,陈××的表现存在显著的差异。A1阶段由于身体肥胖导致生理和心理上的一系列问题,与同学关系不和谐,几乎不参加体育锻炼,运动缺乏自信,喜欢上网、睡觉,对体育方面的新闻感兴趣。B1的初始阶段,陈××的改变很缓慢,而且都是很不情愿的,但是在B1后期,陈××与同学的关系得到改善,伴随着情绪、自信、运动参与方面都有明显的好转,上网和睡觉的时间也减少了,变得有激情了,每次只要同学一邀请他,他就立刻行动,而且运动感觉也变得爽起来,运动参与程度有了一定的提高。A2阶段,这3周同学有活动没有邀请他,由于惯性第一周他还独自一个人去参加运动,但是时间不长就回来了,第二周基本不去了,第三周又去了一次,上网和睡觉的时间也多了起来,体重也开始增加。B2阶段,由于B1阶段的干预是以有氧慢跑为主,B2阶段则开始接触开放式的篮球和羽毛球运动(陈××大二选修羽毛球),每次运动的时间开始变长,14周时,篮球是打一局,休息一次,到16、17周几乎每天下午相约篮球场,而且一玩就是一下午,心情特别愉快,他的运动技能也得到了提高,敢于投篮和突破,且投篮命中率相对而言也有所提高,而且经常会出现有创意的传球动作。后来,从18周开始,就基本上维持在每周4次。

通过观察,还发现他交往的范围有所扩大,运动技能和体能越来越好,朋友越来越多,有时会主动约同学打球,积极性高涨,自己还花钱买了一对健身哑铃。在时间安排上,他也会有计划地安排每天的锻炼时间。

此外,干预结束后,笔者一直和陈××保持QQ联系,令人欣慰的是,从那以后,他一直进行有规律的体育锻炼,养成良好的体育锻炼习惯,而且还成为班级篮球队的一员,上学期还获得学校的单项奖学金。他认为是体育锻炼改变了他,参加体育锻炼对他来说简直就是一种享受,非常感谢老师和同学对他的帮助,并表示以后他也要帮助和带动其他同学,养成体育锻炼习惯。

7. 分析与讨论

7.1　关系和体质健康状况的改善,增强身体自尊,促进运动参与

研究发现以主动邀请建立关系和提高体适能作为切入点,改善身体自尊,提高运动参与度,到 B2 阶段陈××每周运动参与稳定在 4 次左右,每次锻炼时间 90 分钟,验证了假设 H1,并取得了比预期更好的结果。参与行为在 B2 阶段显著增加,与 A1、B1 和 A2 具有显著性差异,充分说明干预效果是显著的。在身体自尊方面,B2 阶段与 A1 具有显著性差异,与 B1、A2 阶段差异不显著,充分说明身体自尊和主观锻炼体验干预效果是显著的,且较早的出现。同伴关系对青少年体育运动有着重要的意义,它不仅可以帮助青少年提高运动技能、增强运动参与的动机,还可以为青少年提供社会支持(张文新,1997)。Maureen 等人(2002)的研究也认为,同伴关系是青少年参与体育活动的一个重要因素(Maureen,Weiss & Man,2002)。而对于陈××而言,肥胖是影响其锻炼参与的最直接因素。肥胖是能量摄入与能量消耗之间平衡失调的结果,是由于人体摄入的热量超过了机体所消耗的热量,过多的热量在体内转变为脂肪大量积累造成的。20 世纪 80 年代以来,越来越多的文献报道,运动能有效地控制体重和体脂百分比,其效果在较大程度上依赖于所采用的运动方式、运动强度、持续时间及运动频率。所以,通过坚持锻炼,可以改善体适能水平,从而逐渐摆脱肥胖的困扰。这样,减肥所取得的成就感在某种程度上会增强个体的身体自尊。所以,在本研究中,身体自尊在行为干预和运动参与之间起着有效中介作用。

众所周知,高自尊与成就(不是失败)有关,它可以影响其他人的权利和技能,带来符合道德标准(不是不道德)的行为方式,能被别人接受和支持(不是被拒绝)。因此,自尊来自我们对自我价值的评定,而自我价值又来自我们对自己的成就、优点品质的评价和对他人评价的感知。高自尊还与生活事件适应能力、积极情感等因素有关。而个案研究对象陈××

在锻炼中缺乏自信,缺少热情和容易悲观;人际关系中更多的是紧张和退避;满意少,失败时自我谴责;自我肯定和自我整合能力低,这就导致他在个人成长和日常生活中经常遇到挑战和感到威胁。身体上的自卑感使得他在日常生活中筑起他特有的系统——睡觉、上网,以此来隐藏内心的自卑感。因此,干预倾向用一种带有偏见的方式来加工处理信息,为其提供一种对自我的积极观点,这种偏向有利于通过自我提升的方式来加工信息,以此来保持积极的自我形象,从而得到别人的认可。本研究中高自尊之所以出现在干预的中后期,则是因为 B1 阶段的锻炼使其摆脱肥胖的烦恼,而 B2 阶段进行的锻炼活动是在真实的情境中完成的,这样更容易激发个体的兴趣,一旦成功,就会拥有相当高的成就感和满足感。所以,干预研究中通过环境的改变和个体体适能的改善等策略来提高能力,提升价值感,增强身体自尊,从而促进个体的运动参与度,形成体育锻炼习惯。研究结果与 Cheng(2003)的研究结论基本一致:自尊与积极情绪呈高度正相关,与锻炼动机呈显著性相关。

每个人都喜欢听好话,你设身处地想一想,假如你整日被人批评指教,何等难堪。因此,一般人对于旁人给予的肯定的评价和令人鼓舞的重视都会心中暗喜,表现得更好,久而久之形成良性循环,一个好的习惯就这样诞生了。具体到本研究的个案,是个具有轻度肥胖的青少年,其本身的缺陷以及由此带来的一系列的消极反应,在锻炼过程中不可避免地会出现这样或那样的问题,所以,本研究通过积极性表扬的方式来进行行为塑造,尽可能地减少肥胖所引起的负影响,增强锻炼动机,促进体育锻炼习惯的诞生。积极性表扬既是一种有效的强化,也是一种积极的期待,既可激发恰当的行为,也能够预防不恰当的行为。所以,通过对不当行为的忽视和对预期行为的强化来实现锻炼习惯的形成,这正是对增强原理的运用。增强原理是自从 20 世纪 30 年代被行为主义学者斯金纳提出后,经过 50 年代、60 年代的学者推展、扩充并加以修改,用来作为一种塑造行为、培养习惯的手段。比如,当无助的婴儿,迈向孩童期所踏出的第一步,或者第一次开口叫妈妈时,每个父母虽没有人教,但都会抓住机会鼓励他,这就是正增强的运用。心理学家早就研究人类的行为,结果指出,除了一些发射动作,如随光线的强弱,瞳孔的收缩或扩张;闻到美味,引生涎液等不受个体心愿控制外,其他行为几乎都受到个体心愿的控制,而这一类行为的一再重复,都会形成所谓的"习惯"。正增强原理就是在此基础上形成的,正增强与奖赏一词意义近似,是指个体在某一情境下做某种事情(即行为),如果获得满意结果,下次遇到相同情况时,再做这件事的概率就会提高。这整个历程,心理学上称为增强,此种令个体满意的东西,不管是物质的或是精神的,均为增强物。因此,也可以把增强定义为个体行为倾向因获得增强物而增强其强度的过程,而个体行为倾向增强的过程也是习惯的形成过程。

7.2　提高运动技能和自我效能感,稳定积极的情感刺激,导致行为的重复和自动化,最后形成锻炼习惯

研究发现,通过干预个体体适能和运动技能显著增加,更容易获得积极体验,锻炼的主动性和稳定性也得到增加,从而提高锻炼习惯的强度。这也验证了假设 H2,与锻炼干预行为的预期目标是一致的。在锻炼习惯养成方面,B2 阶段陈××基本上养成了体育锻炼习惯,且习惯的强度在不断增加。B2 阶段与 A1、B1、A2 具有显著性差异。这说明陈某的锻炼习惯水平在最后阶段增幅较大,并呈不断上升趋势。各维度变化具体如下:锻炼行为和锻炼效果与前面分析相一致,在自动化方面,A1 阶段陈某的锻炼行为的自动化水平几乎为零。B1 阶段后期有所提高,但是并不明显。在 A2 阶段的第 13 周,自动化水平略有下降。在 B2 阶段,自动化水平与前几阶段相比有十分显著的差异,直线上升趋势明显。我们对各阶段的均值差异的显著性进行了检验,从中可知,在自动化方面,B2 阶段与 A1、B1、A2 具有显著性差异。也说明陈××的锻炼自动化水平在最后阶段呈现上升趋势。

定性研究观察显示,个体在篮球运动中的投篮命中率明显增加,也敢于带球突破防守,创造性传球动作增加,运动技能取得了长足的进步,B2阶段与A1、B1和A2具有显著性差异。B1阶段主要是因为从事的运动对技能的要求并不高,充分说明干预效果是显著的。锻炼心理效应也取得显著变化。在身体自尊和主观锻炼体验方面,B2阶段与A1具有显著性差异,与B1、A2阶段差异不显著,充分说明身体自尊和主观锻炼体验干预效果是显著的,且较早的出现。自我效能方面B2与A1、B1、A2具有显著性差异,A1、B1、A2之间不存在显著性差异。这说明陈某的锻炼自我效能感效应出现在最后阶段。

经常性参加锻炼,使得个体的动作技能水平有了大幅度的改善,为个体坚持锻炼提供保障和技术支持,从而更容易体验到锻炼的乐趣和"流畅感"。而积极的情感使其动作表现更加松弛,释放紧张的情绪,使人得到间歇,从而使个体在体育锻炼的"跑道"上树立更加长远的目标,追求达到目标的兴趣,促使他坚持重复锻炼。但是,在锻炼过程中,自身和外界的压力不可避免地会导致一些挫折和失误,还会出现预料失败的担心和忧虑。因此,在锻炼的"跑道"上前进会使人产生忧虑等负性情绪的额外负担。运动的紧张和压力在严重的情况下还会导致情绪性应激,焦虑或忧郁等病理负性心境。所以,在其过程中,和谐的关系、较高的运动技能和积极情感,发挥着重要的调节作用。再次验证了Weiss和Smith等人(1999)的观点:同伴带来的社会影响对体育行为有激励和调节作用,运动中的同伴关系可能影响到青少年对体育的参与程度。

积极的幸福感和高自我效能感可以增加锻炼的主动性和稳定性,提高锻炼习惯的强度,所以,要增加积极情感的体验意识。究其原因:

首先,积极的情感在体验里呈现为有信心和有意义的意识状态,使人能自觉处理问题和享受锻炼的乐趣。

其次,积极情感还伴随着满足感,使人更容易理解周围世界中让人紧张和满意的各种问题,在对待和处理这些问题时也就更容易些。再者,积极情感可以使人体验到自身与外界和他人的联系,并产生一种亲切感,使人对外界事物更易于欣赏和接近而不是隔离,同他人的关系更容易变得和谐。

最后,锻炼中的积极情感体验还可以带来一种超越感和自由感,使人觉得在锻炼中的存在是轻快的、活跃的和主动的,似乎自身处在最优的,摆脱束缚的状态中。然而,健康状况不佳或某些方面的身体缺陷往往影响成就和成功的获得,限制人们参与体育锻炼活动。这样的境遇使他们从主观和客观两方面都得不到肯定自己的强化。自信受到限制,也难以体验快乐和满足(孟昭兰,2005)。所以,针对本干预研究对象的实际情况,首先是要增强其体适能水平,摆脱肥胖带来的烦恼,体验锻炼带来的效果,从而保持稳定的情感刺激,使锻炼行为的重复和自动化,最后形成锻炼习惯。

对于 A2 阶段的效果下降,一是说明 B1 阶段所取得的成绩是实验干预所带来的结果,更重要的是说明除非新的锻炼习惯已经安全地根植于生活之中,否则绝不能容忍意外情况的发生。每一次错误就像丢掉一个正在仔细缠绕的线团;一次滑落所放松的线,比缠绕好几次的线还要多。连续的训练是使神经系统准确无误地正确行动的主要手段。所以,在这种情况下,要尽量减少失败的必要。每失败一次都使得由多次征服而产生的积极效果消解。因此,基本的防范就是管制两种敌对力量,致使一方可以获得一系列不被打断的成功,直到重复将它强化到能在任何情况下对付对手为止。从理论上讲,这是心理进步的最佳进程。

在一开始就要确保成功,这种需要是强制性的。最初的失败易于抑制未来所有努力的力量,而过去成功的经验会鼓舞人,给人增添未来的活力。一般而言,在行为建立初期采取继续增强的措施,使个体每次行为的发生都能获得满意的结果,使其产生浓厚的兴趣。虽然渔翁垂钓,不可能每次放线都有鱼儿上钩,但在可欲行为的建立初期,获得继续增强是必须的。因此,在干预过程中,要学会继续增强。一方面要学会觉察自己的

"阶段性成果",享受已得成绩的喜悦,增强信心;另一方面要学会掌握运动过程的节奏,在适当的时候停歇和休息。继续增强是提升锻炼者运动技能、体验积极情感的最佳策略之一。个体若能从整体来评论其锻炼行为和成就,多些鼓励,必能创造出许多培养、发展体育锻炼习惯的良机。

8. 结论与建议

8.1 结论

（1）倒返实验结果说明,陈××的体育锻炼习惯的强度在 A1、B1、A2、B2 四个阶段呈现如下趋势:没有—逐渐增加—小幅回落—持续提高。这种变化趋势符合倒返实验的因果假设规律,说明陈××锻炼习惯的变化源于行为干预。干预也收到了预期的目标,统计结果也表明,B2阶段与其他阶段有十分显著的差异,进一步说明行为干预的效果。

（2）和谐的关系,体适能和运动技能水平显著提高,可以显著增强体育锻炼的主动性。

（3）体育锻炼的积极情感体验是体育锻炼习惯养成的关键。

（4）从追踪观察结果表明,干预的结果得到继续增强,陈××已经形成稳定持久的体育锻炼习惯。

8.2 建议

（1）教师要引导同学之间建立和谐的关系。

（2）在体育锻炼过程中,尽可能地塑造能带来积极情感体验的行为,促进体育锻炼习惯的养成。

第7章 学校、家庭和社区三位一体的青少年体育锻炼习惯养成研究

第1节 家校合作对青少年体育锻炼习惯养成的研究

1. 研究基础

生态心理学家布朗芬布伦纳(1989)认为,人的发展是与一个庞大的生态体系相互作用的结果。个体的发展过程与其生长的环境之间有着直接或间接的互动关系,同时受到与其直接相关的环境的相互联系、相互作用,并受到其所处文化环境的影响与制约。所以,在其发展过程中,学校和家庭的相互联系就构成了客观上的中间系统,作为青少年发展环境中重要的环境因素之一。当青少年进入学校这个新的环境时,学校与家庭作为新的联系就会出现,新的因素可以以正式(非正式)、积极(消极)等不同的形式存在,由于不同原因给新的联系带来特有的"色彩",从而在一定程度上影响青少年的发展。所以,本研究以此理论为基础,通过家校互动训练,探讨家校合作对青少年体育锻炼习惯养成的影响。

2. 研究目的

本研究采取实验班和对照班前后对比的方法,对家校互动能力进行

培训,进而探讨家校合作对青少年体育锻炼习惯养成的作用。

3. 研究假设

H1:家校互动对提高体质健康水平具有明显的促进作用。

H2:家校合作可以促进青少年体育锻炼习惯养成。

4. 研究方法

4.1 被试

研究对象为上海市长宁区某小学四年级两个自然班。实验组学生45人(男22人,女23人),控制组学生44人(男24人,女20人)。实验组参加实验的家长45人(男25人,女20人)。

4.2 测量

4.2.1 前测

测试如下内容:开学初期

(1)《家校互动次数、形式、内容》调查表。调查表包括3个方面:次数、形式(家长会、主动电话、微信交流、主动面谈、孩子问题),内容(学习、生活、体育锻炼、心理),内容是请家长们对自己在与老师互动时的实际情况进行作答。

(2)《青少年体育锻炼习惯调查问卷》。

(3)学生体质健康水平。采用《国家学生体质健康标准(2014年修订)》,从身体形态、身体机能和身体素质等方面综合评定学生的体质健康水平。本标准的学年总分由标准分与附加分之和构成,满分为120分。标准分由各单项指标得分与权重乘积之和组成,满分为100分。附加分根据实测成绩确定,即对成绩超过100分的加分指标进行加分,满分为20分;小学的加分指标为1分钟跳绳,加分幅度为20分。根据学生学年总分评定等级:90.0分及以上为优秀,80.0~89.9分为良好,60.0~79.9分为及格,59.9 分及以下为不及格。

4.2.2　家校互动方案实施

家校互动训练为期 16 周,采用星期六或星期天进行培训。该方案共 10 次,7 次集体辅导,3 次亲子运动,5 次家庭作业,运动基本技能、组织及裁判规则知识共计 25 篇。每次 90~100 分钟,在训练日常安排方面,采用先紧后松的形式,在开始密集安排培训,后面的培训间隔时间较前面要长,使得家长能够把所学的知识、运动技能和能力扩展到日常教育中,巩固由培训所获得的运动技能和认知水平,最终使得相关知识实现内化,以便在实验结束后家长能和孩子在家校合作、家庭体育教育方面实现可持续性。即每周一次共计 4 次,每半个月 1 次共计 4 次,一个月 1 次共计 2 次,通过对家长的集体培训,改善一些家长对孩子参加运动的认知,提高家长的运动技能和组织运动的能力。家校互动训练形式多样,内容丰富。其主要内容包括:建立家长运动学校、家长运动联盟、开展亲子趣味运动会、组织家长志愿者团队、开展家长健康讲座、布置体育家庭作业等,很多家长积极、充分地参与学生健康促进的过程,教师与学生、学生与家长、家长与教师之间相互合作,全力投入,形成家校合作,共同参与的格局,并请家长们对自己与学校互动的情况包括老师与家长互动次数、形式、内容进行调查反馈。

4.2.3　后测

实验结束,对其实验组和控制组进行后测,测试内容同前测。

4.3　统计方法

采用 SPSS 16.0 对数据进行分析处理。

5. 研究结果

5.1　实验班和控制班学生体育锻炼习惯的比较

对实验班和控制班学生在《青少年体育锻炼习惯调查问卷》中锻炼行

为的稳定性、锻炼思维模式的自动化程度以及锻炼效果进行分析,结果如表 7-1、表 7-2 所示。

表 7-1　实验组和控制组学生体育锻炼习惯前测各个维度的情况

实验组—控制组	F	t	df	p	平均差
行为稳定性(前测)	0.282	0.132	87	0.895	0.026 26
自动化程度(前测)	0.001	1.243	87	0.217	0.194 44
锻炼效果(前测)	3.434	−0.276	87	0.783	−0.059 09

表 7-2　实验组和控制组学生体育锻炼习惯后测各个维度的情况

实验组—控制组	F	t	df	p	平均差
行为稳定性	9.800	21.905	66.617	0.000	6.316 67
自动化程度	38.478	14.414	56.995	0.000	5.262 12
锻炼效果	13.679	24.682	65.244	0.000	5.723 23

从表 7-1、表 7-2 结果显示,在控制前测效应后,实验班和控制班在体育锻炼习惯的锻炼行为的稳定性($F=9.800$,$p=0.000<0.01$)、锻炼思维模式的自动化程度($F=38.478$,$p=0.000<0.01$)以及锻炼效果($F=13.679$,$p=0.000<0.01$)等方面,得分均显著高于控制班。说明家校合作在促进青少年体育锻炼习惯形成方面的作用均比控制班要显著。

5.2　实验班和控制班学生体质健康水平比较

对实验班和控制班学生在《体质健康水平》测验上的身体形态、身体机能和身体素质进行分析(见表 7-3、表 7-4)。结果显示,在控制前测效应后,实验班和控制班学生在身体形态($F=2.303$,$p=0.544>0.05$)、身体机能($F=1.344$,$p=0.005<.01$)、50 米($F=10.187$,$p=0.001<0.01$)、坐位体前屈($F=4.110$,$p=0.484>0.05$)、1 分钟跳绳($F=0.016$,$p=0.000<.01$)、1 分钟仰卧起坐($F=0.083$,$p=0.986>0.05$)的值都

比控制班要高(见表 7 - 5),特别在身体机能肺活量和身体素质 50 米
跑和 1 分钟跳绳三方面的成绩与控制班相比具有非常显著的差异,
而身体形态、坐位体前屈和 1 分钟仰卧起坐三方面与控制班没有显
著的差异,说明家校合作训练方案促进了青少年学生体质健康水平
的发展。

表 7 - 3　实验组和控制组学生体质健康水平前测各个维度的情况

实验组—控制组	F	t	df	p	平均差
身体形态(BMI)	0.109	−0.269	87	0.789	−0.737 37
身体机能(肺活量)	1.021	−0.434	87	0.665	−0.671 21
50 米	0.000	−1.744	87	0.085	−2.238 89
坐位体前屈	0.281	−0.851	87	0.397	−0.770 20
1 分钟跳绳	0.191	−0.553	87	0.582	−0.837 88
1 分钟仰卧起坐	0.066	−1.322	87	0.190	−1.833 84
总　　分	0.205	−1.266	87	0.209	−1.164 07

表 7 - 4　实验组和控制组学生体质健康水平后测各个维度的情况

实验组—控制组	F	t	df	p	平均差
身体形态(BMI)	2.303	0.610	87	0.544	1.484 85
身体机能(肺活量)	1.344	2.892	87	0.005	3.521 72
50 米	10.187	3.573	73.492	0.001	3.584 85
坐位体前屈	4.110	0.702	80.053	0.484	0.550 00
1 分钟跳绳	0.016	4.504	87	0.000	4.562 63
1 分钟仰卧起坐	0.083	0.041	87	0.968	0.050 00
总　　分	2.210	3.506	87	0.001	2.495 48

表 7 - 5　实验组、控制组学生体质健康水平后测平均数水平分析

项　　目	组　　别	M	SD
身体形态(BMI)	实验组	94.666 7	9.908 67
	控制组	93.181 8	12.899 02

项　目	组别	M	SD
身体机能（肺活量）	实验组	88.044 4	5.526 61
	控制组	84.522 7	5.959 12
50 米	实验组	87.266 7	3.633 18
	控制组	83.681 8	5.602 21
坐位体前屈	实验组	83.800 0	3.144 98
	控制组	83.250 0	4.160 31
1分钟跳绳	实验组	88.244 4	4.772 82
	控制组	83.681 8	4.782 59
1分钟仰卧起坐	实验组	81.800 0	5.488 00
	控制组	81.750 0	6.127 05
总　分	实验组	87.448 9	2.993 64
	控制组	84.953 4	3.691 89

6. 分析与讨论

6.1　通过策略培训提升家长对体育锻炼的认知水平，增强内部动机和主动参与意识

在家校合作互动方面，实验班的家长态度和行为比控制班更加积极主动，对进行家校合作互动的重要性有着较为清晰的认识，家长积极主动与教师加强沟通。在评价训练方案效果时，强化运动的认知，形成参加体育锻炼的态度。这与儿童的态度，多半是在先行而后知的历程中养成的。而成人们态度的形成多始于认知，先是在观念上接受某种理念，然后参与活动形成某种态度的观点相一致。因此，家校合作训练先让家长了解孩子参与体育活动的目的，由此增强参与体育活动的兴趣，增强运动的动机水平，实现家长积极参与，家校互动和谐发展，形成积极参加体育锻炼的

意识,促进青少年体育锻炼习惯的养成。

6.2　通过团体互动和实战演练,提高家长与教师的互动能力,凸显合力效应,增强体质,促进锻炼习惯养成

在学生体育锻炼习惯方面,实验班在锻炼行为的稳定性、锻炼思维模式的自动化程度以及锻炼效果等方面得分均显著高于控制班,促进了青少年体育锻炼习惯的养成。这一结果和以往相关研究结论相一致(Sternberg,1991),验证了本研究的假设,也与本研究的理论相一致,这说明家校之间是否和谐,对于学生体育锻炼习惯的养成是至关重要的。

在青少年体质健康方面,实验班和控制班学生在身体形态、身体机能、身体素质上的值都比控制班要高,特别在身体机能肺活量、身体素质 50 米跑和 1 分钟跳绳三方面的成绩与控制班相比具有非常显著的差异,这一结果验证了本研究的假设。但是在身体形态、坐位体前屈和 1 分钟仰卧起坐三方面没有显著的差异,这可能与三方面指标的敏感性有很大关系,由于实验的时间较短,身体形态、柔韧性、协调性的改善不太明显,仰卧起坐的差异性不大可能是由于家长在孩子的体育锻炼中以发展有氧能力的运动为主,忽视了对学生力量的练习。

学生体育锻炼习惯的养成离不开良好的教育环境,作为家长要与学校教育形成合力,通过电话、微信群及时了解学生的情况,由于亲师互动是以团体互动和实战演练的形式开展的,对于家长而言也是一个不断学习的过程。通过家校培训,实现家长与教师的互动,通过参加亲子运动等体育竞赛逐步提高家长的体育技能和水平。实验班家长认识到家庭、学校环境因素对孩子健康成长的重要性,从而改变一些想法和行为上的偏差,双方形成积极的合力,组成一个融会贯通的整体,并作用于学生。实验结果很好地证实了我们的预期。

第 2 节　学校、家庭和社区三位一体的青少年体育锻炼习惯教育干预模型的构建

1. 研究目的

中国青少年体质健康状况严峻已成为不争事实,引起了全社会的高度关注。近年全国学生体质健康调研结果显示,中国学生体质健康方面仍然存在不少问题,如耐力、速度、爆发力和力量素质继续出现下降,中、小学生超重与肥胖检出率不断增加,学生视力不良检出率持续增高且出现低龄化倾向,等等(沈建华,肖焕禹,龚文浩,2000)。可见,结合中国国情,构建青少年体育锻炼习惯教育干预模型对有效指导他们进行体育锻炼,加强健康教育,提高健康水平,具有较高的指导价值和实践意义。此类研究已经越来越成为一个众多学者和决策者所关心的课题。中国学者沈建华等人从终身体育与素质教育等角度构建了学校、家庭和社区三位一体的青少年体育教育模型。该模型的核心思想是通过学校、家庭和社会的互相渗透与有机结合,建立一定的组织和保障措施,形成一种立体型的教育资源体系(林少娜,陈绍艳,胡英宗,2004)。在美国,已构建了学校、家庭和社区三位一体的组织机构,"三位一体"能够促进学生体育锻炼,掌握运动保健知识,形成良好卫生习惯(刘建平,李超红,李志鹏,2002)。该方面的研究虽然取得了一些成果,但是,多数研究还是停留在理论分析(宋亚军,李向东,2003;甄志平,赵志刚,邢文华,2005)和一般性的问卷调查,没有突出个人因素、体育锻炼因素,没有深入揭示每个因素的次级因素,缺乏深入分析、模型构建和验证,这在一定程度上,影响了其客观性、科学性、实用性和推广性等。因此,为了促进中国中小学生体质健康水平的提高,本研究运用调查问卷对中国中小学生进行分层抽样调查,然后对调查数据进行因素分析,构建青少年体育锻炼习惯教育干预模

型并进行论证。

2. 研究方法

2.1　调查对象

在全国范围进行分层抽样调查,抽取了上海、合肥、江苏等8个地区的中小学生为调查对象,选取小学三年级、五年级、初中二年级、高中二年级的学生为调查对象,共发放问卷3 300份,回收有效问卷3 121份,问卷有效率94.58%,其中,三年级学生784人、五年级767人、初二785人、高二785人;男生1 587人、女生1 534人;市区1 520人、郊区乡镇1 601人。有效问卷的样本数分布情况如表7-6所示。

表7-6　有效问卷样本数分布情况统计结果

地区	性别		城郊		年级			
	男	女	市区	郊区	三年级	五年级	初二	高二
北京	198	149	189	207	97	95	98	96
天津	186	181	184	193	95	93	96	96
成都	198	171	192	191	99	96	89	99
西安	167	208	198	197	95	98	103	98
上海	246	245	188	194	106	98	97	102
合肥	212	193	195	210	99	93	101	97
江苏	184	205	192	195	96	96	96	99
武汉	196	182	182	214	97	98	105	98
合计	1 587	1 534	1 520	1 601	784	767	785	785

2.2　问卷

该问卷是根据众多学者认同的学校、家庭和社区三位一体理论假设,通过查阅文献和专家访谈,制定问卷的最初条目;然后邀请本专业领域内5名专家对问卷进行评价和修订,删除不合理和意见不一致条目,保留专家均认可的53个条目,随后增加4个反向记分条目,最后的问卷条目总数为 57 题。问卷采用李克特五等级评分法,非常符合＝1,比较符合＝2,难以确定＝3,不太符合＝4,很不符合＝5。该问卷的研制工作非常科学、规范,本研究中检验的克伦巴赫 α 系数为 0.87,重测信度系数为 0.89,样本量为 36,间隔时间为 2 周,符合测量学要求。

2.3 问卷筛选

在回收的问卷中,对超过 5 题未回答的问卷做废卷处理。另外,根据诚实度条目的测试,计算 4 道反向题与相应正向题的得分差([11]＋[12]＋[33]＋[9])－([40]＋[47]＋[52]＋[54]),超过 5 分或低于－5 分的问卷也做废卷处理,最终获得有效问卷 2 316 份,然后对有效问卷进行编号,根据有效问卷编号的奇偶数序号抽取其中奇数号问卷(1 162 份)用于探索性因子分析,构建假设模型,偶数号(1 154 份)问卷用于验证模型的适配性。根据权威学者 Sudman 的观点,本研究的取样样本人数符合规定要求,具有较高的统计效力,完全可以进行相关统计分析(项明强,2013)。

2.4 数理统计法

采用 SPSS 17.0 和 LISREL 8.53 程序对数据进行管理和处理分析。

3. 结果与分析

3.1 模型的探索性因素分析

探索性因素分析的目的在于通过数据驱动来求得模型的结构效度。在每次进行探索性因素分析前,要对其取样适当性量数 KMO 的值进行观察,根据学者 Kaiser(1974)的观点,KMO 值大于 0.50,就适合进行因素分析。第一次探索性因素分析前的 KMO 值是 0.945,远远大于 0.50,表示《青少年体育锻炼与健康教育调查问卷》中各条目之间的共同因素较多,其数据适合进行探索性因素分析,另外,巴特利特球形检验值为

22 046.519($p<0.05$),呈显著性水平,表明变量间的相关矩阵差异显著,可以进行探索性因素分析(吴明隆,2000)。

本研究中确定因素条目的标准主要有两个:一是因素的特征值大于1;二是每个因素至少包括 3 个条目。后继分析过程中,每一次探索性因素分析前的 KMO 值都在 0.5 以上,巴特利特球形检验值都达到了显著性水平,每一次探索性因素分析后,剔除问卷中涵盖题目内容较少的因素(少于 3 个条目)后再进行下一次因素分析,先后共经过三次探索性因素分析。第三次探索性因素分析前的 KMO 值为 0.946 和巴特利特球形检验值为 19 666.002($p<0.05$),说明数据适合进行探索性因素分析。根据前文确定因素条目的标准,最后一次(即第三次)探索性因素分析共得出 50 个条目和 9 个因素。因素分析结果的负荷矩阵如表 7-7 所示。

表 7-7　第三次探索性因素分析后的负荷矩阵

条目	因子								
	f1	f2	f3	f4	f5	f6	f7	f8	f9
V11	0.726								
V3	0.694								
V13	0.678								
V5	0.665								
V8	0.638								
V40	0.553								
V1	0.476								
V6	0.465								
V45	0.438								
V25	0.430								
V10	0.384								
V7		0.719							

条目	因 子								
	f1	f2	f3	f4	f5	f6	f7	f8	f9
V22		0.683							
V12		0.659							
V17		0.656							
V2		0.588							
V27		0.442							
V47		0.437							
V9			0.764						
V19			0.721						
V54			0.704						
V14			0.609						
V24			0.497						
V33				0.716					
V52				0.639					
V36				0.405					
V26				0.397					
V35				0.397					
V39					0.739				
V29					0.669				
V34					0.480				
V51					0.479				
V49					0.338				
V55						0.568			
V41						0.521			
V46						0.472			
V38						0.461			

条目	因　子								
	f1	f2	f3	f4	f5	f6	f7	f8	f9
V53						0.411			
V43						0.355			
V32							0.579		
V44							0.532		
V57							0.515		
V56							0.458		
V42							0.330		
V48								0.657	
V50								0.602	
V31								0.394	
V20									0.739
V21									0.647
V18									0.418

根据表 7-7 可以看出，因素 f1 包含 11 个条目，即 V11，V3，V13，V5，V8，V40，V1，V6，V45，V25，V10，从条目内容可以看出，主要涉及体育课程范畴；f2 包含 7 个条目 V47，V22，V12，V17，V2，V27，V7，主要内容涉及社区教育范畴；f3 包含 V9，V24，V54，V14，V19，主要内容涉及家长示范；f4 包含 V33，V35，V36，V26，V52，主要内容涉及课外活动范畴；f5 包含 V39，V49，V34，V51，V29，主要内容涉及经济支持范畴；f6 包含 V43，V41，V46，V38，V53，V55，主要内容涉及学校条件范畴；f7 包含 V42，V44，V57，V56，V32，主要内容涉及个体认知范畴；f8 包含 V31，V50，V48，主要内容涉及锻炼内因（学校教育）；f9 包含 V20，V21，V18，主要内容涉及锻炼外因（学校教育）。最后一次即第三次探索性因素分析得出 9 个因素的特征值、贡献率和累计贡献率如表 7-8 所示。

表 7-8　9 个因素的特征值、贡献率和累计贡献率一览表

项目	初使特征值			被提取的载荷平方和			旋转后的载荷平方和		
	总和	方差贡献率	累积贡献率	总和	方差贡献率	累积贡献率	总和	方差贡献率	累积贡献率
1	12.881	25.762	25.762	12.881	25.762	25.762	4.912	9.824	9.824
2	2.553	5.105	30.867	2.553	5.105	30.867	4.272	8.545	18.369
3	2.071	4.142	35.009	2.071	4.142	35.009	2.968	5.936	24.305
4	1.745	3.489	38.498	1.745	3.489	38.498	2.712	5.423	29.728
5	1.421	2.843	41.341	1.421	2.843	41.341	2.387	4.774	34.502
6	1.313	2.626	43.967	1.313	2.626	43.967	2.236	4.473	38.975
7	1.168	2.337	46.304	1.168	2.337	46.304	2.228	4.456	43.431
8	1.104	2.207	48.511	1.104	2.207	48.511	1.788	3.576	47.007
9	1.026	2.053	50.564	1.026	2.053	50.564	1.779	3.558	50.564

由表 7-8 可以看出,9 个因素的累计贡献率高达 50.564%,从而说明探索性因素分析结果符合模型的构建要求,具有较好的结构效度。

3.2　模型的验证性因素分析

3.2.1　九因素一阶因子模型验证

本研究在探索性因素分析得到 9 个潜因子后,用偶数号 1 154 份有效问卷的数据进行验证性因素分析。LISREL 软件处理后得到的结构方程模型图(见图 7-1)和拟合情况(见表 7-8),可知九因素结构模型的拟合效果非常理想,无须进行修正。

3.2.2　三因素二阶因子模型验证

从探索性因素分析结果可知,学校教育这个二阶因子包含 6 个一阶因子,模型路径系数如图 7-2 所示,拟合效果如表 7-9 所示。学校教育因素结构模型的拟合效果非常理想,无须进行修正。这里需要说明的是,在结构方程的构建过程中,通常情况下,1 个潜变量通常至少需要 3 个观

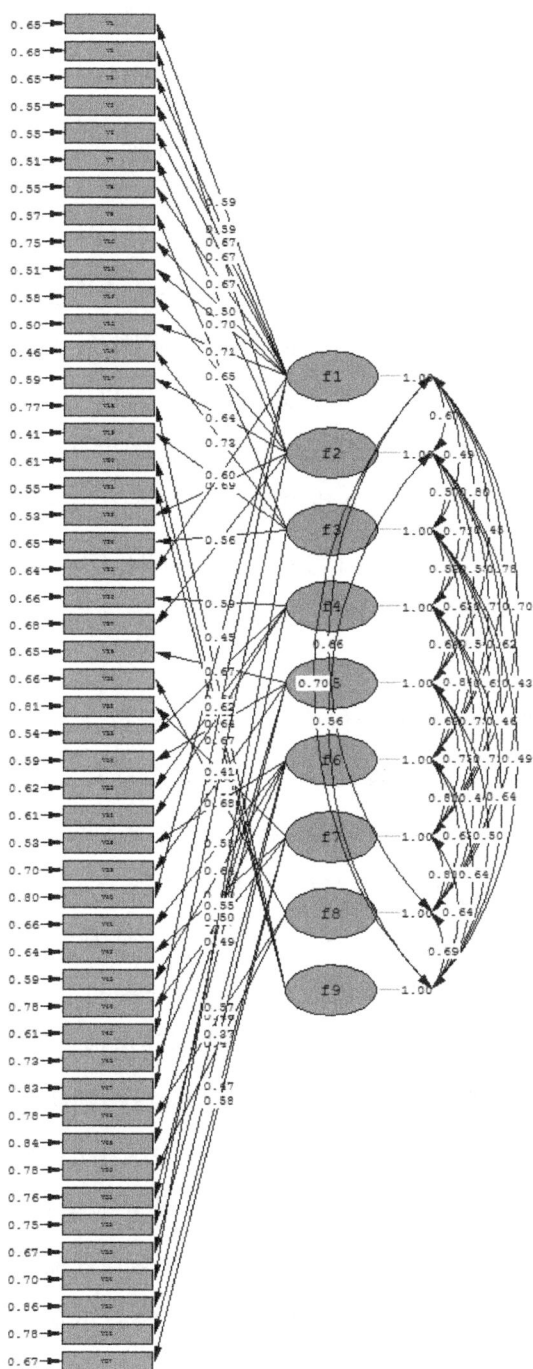

图 7-1　九因素一阶因子模型路径图

表 7-9　青少年体育锻炼习惯教育干预 9 因素结构模型的拟合指标

拟合指数	χ^2	df	χ^2/df	CFI	NNFI	RMSEA
数　值	4 155.34	1 139	3.65	0.97	0.97	0.048

察变量才能建模,本研究中的家庭教育这个二阶因子,只有 2 个观察变量,即 f3(家长示范)和 f5(经济支持),因此,还不符合建模条件,但是,为了验证这两个一阶因子归属于同一个二阶因子,可以对它们进行相关分析,结果显示,f3 和 f5 的相关系数为 0.76,f3 与家庭教育因子相关系数高达 0.89,f5 与家庭教育因子相关系数高达 0.91,因此,完全可以验证这组因子之间的探索性分析结果是成立的。至于社区教育这个二阶因子,因为它和其对应的一阶因子是吻合的,因此,无须验证也是成立的。最终构建的青少年体育锻炼习惯教育干预模型结构图如图 7-3 所示。

　　另外,从 3 个二阶因子所包含的一阶因子数及其条目数,也可以看出,学校教育因子的贡献率最大,其次是家庭教育和社区教育,可见,影响中小学生体育锻炼与健康教育因素中,影响力最大的是学校教育因素,其次是家庭教育,最后才是社区教育。需要说明的是,本研究成果虽然验证了笔者研究的影响因素的结论,但是,在 3 个二阶因子所包含的对应一阶因子数、因子名称及其对应条目数方面是不一致的,具有一定的差异,造成这种结果的主要原因应该是调查取样的不同造成的,由于条件所限,本研究的数据多数是来源于某一地域,这表明,在构建类似模型时,必须要重视地方模型构建,体现地方差异;在解决中国中小学生体质健康问题时,各省市一定要充分考虑本地实际情况,尽量构建具有地方特色的模型。同时,根据自我决定理论,要满足学生基本心理需要,提高自主支持水平,促进其自主动机形成,最终促进青少年体育锻炼,养成体育锻炼习惯,提高体质健康水平。

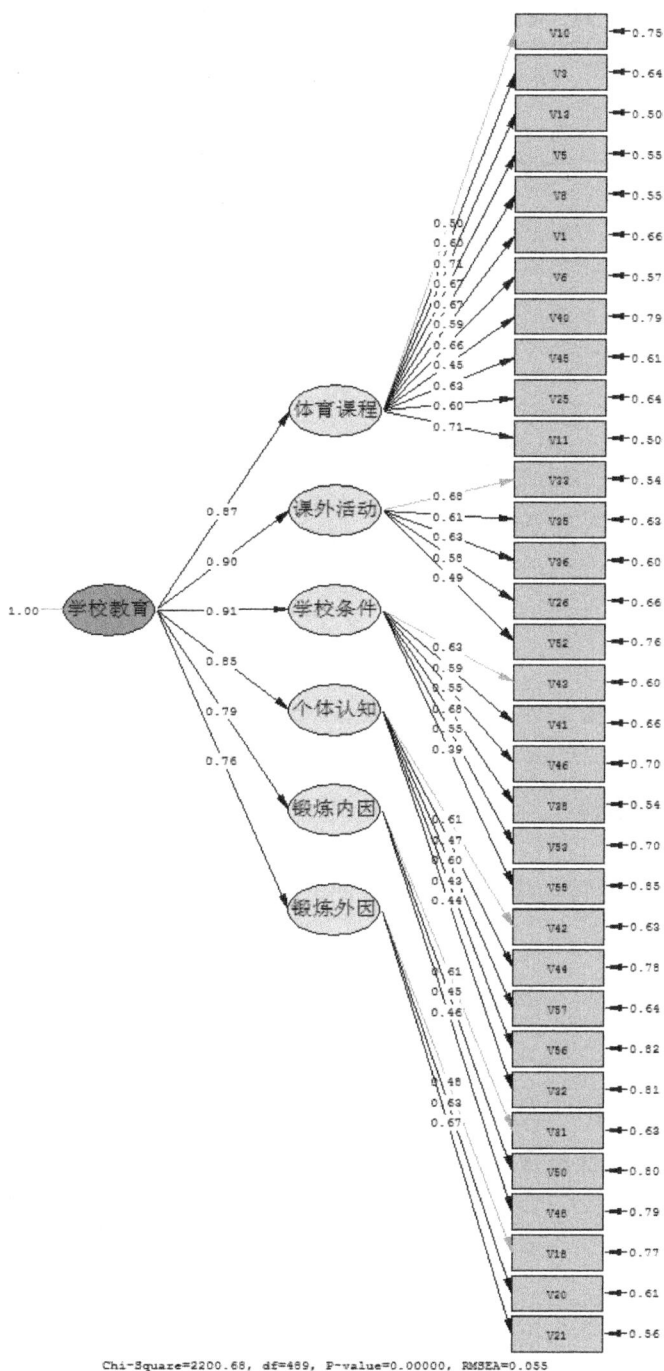

图 7-2 学校教育因素模型路径图

表 7‑10　青少年锻炼与健康教育九因素结构模型的拟合指标

拟合指数	χ^2	df	χ^2/df	CFI	NNFI	RMSEA
数值	2 045.96	489	4.18	0.96	0.95	0.042

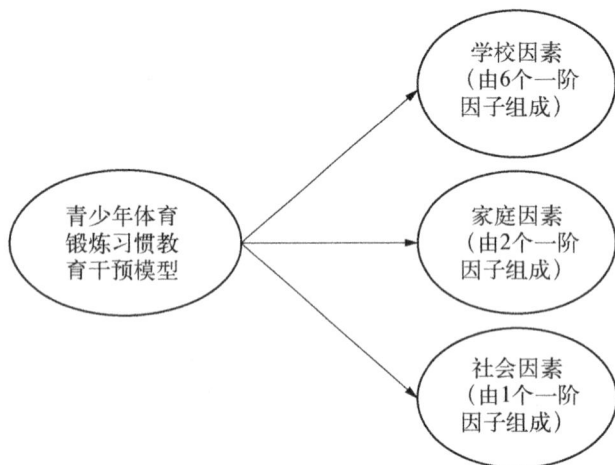

图 7‑3　青少年体育锻炼习惯教育干预模型结构图

4. 研究结论

（1）研制的青少年体育锻炼习惯教育干预模型具有客观性、科学性、地域性和实用性。

（2）青少年体育锻炼习惯教育干预模型由 9 个一阶因子和 3 个二阶因子构成。

（3）二阶因子"学校教育"包含 6 个一阶因子，"家庭教育"包含 2 个一阶因子，社区教育包含 1 个一阶因子。

探 索 篇

第8章 青少年体育锻炼习惯养成理论与实践的研究结论与展望

第1节 青少年体育锻炼习惯的研究结论

我们通过对青少年体育锻炼习惯的理论及养成教育干预的实证研究,希望得出一些建议性的结论。虽然我们力求更准确、深层次的探索青少年体育锻炼习惯养成背后的实质及干预的途径,但是,由于种种原因和各方面客观条件局限,本研究还存在诸多不足之处,对它的研究仍十分粗浅,多学科的交叉和融合,运用更加科学有效的方法揭示体育锻炼习惯的本质,形成科学、系统、规范、可行的干预体系等许多有价值的问题,需要在实践探寻中不断加以打磨和完善。

1. 体育锻炼习惯概念研究

体育锻炼习惯是指在特定情境下,通过反复的锻炼实践形成的具有积极效应的,相对稳定的,自动化的行为定势和思维模式。体育锻炼习惯具有稳定性、重复性、自动化以及效果的积极性等特征。

2. 青少年体育锻炼习惯的量表研究

青少年体育锻炼习惯量表由 26 个条目组成,分为锻炼行为和思维定势以及锻炼效果 3 个维度,各维度的内部一致性信度分别为 0.747。结构公式模型分析表明,该量表的 $X^2/df=2.571$,$CFI=0.946$,$TLI=0.928$,$RMSEA=0.058$,$IFI=0.947$。量表绝大多数指标达到了心理测量学的要求,适合对青少年体育锻炼习惯的测量和研究。

3. 青少年体育锻炼习惯养成的影响因素研究

运用艾普斯坦的交互作用理论将社会、教育和心理学的观点整合起来,从社会组织的角度,从学校、家庭和社会三个维度对影响青少年体育锻炼习惯的主要因素进行实证分析。影响青少年锻炼习惯因素主要有学校因素、家庭因素和社会因素。其中学校因素由"运动干预""体育课堂""健康教育""体育政策""组织管理""人才队伍""设施基金"7 个维度构成;家庭因素由"家长榜样""经济支持""家长认识"3 个维度构成;社会因素为"场地资金""宣传教育""管理组织"3 个维度。

4. 打造学校体育品牌,促进青少年体育锻炼习惯养成

以全面深化学校体育教育综合改革为根本动力,坚持"立德树人",践行"为了每一个学生的终身发展"的核心理念;以体育教学和课余训练为基础,构建学校体育课程体系,优化教学策略,改善学习方式,增强运动技能和学习兴趣,扎扎实实地打好学校体育的基础;以学生体育社团及高水平运动队(员)建设为抓手,搭建学生体育竞赛体系,引领和繁荣校园体育文化;以评价为龙头,进一步加强师资队伍建设,充分发挥团队的凝聚力与战斗力;进一步加强制度建设和宣传工作,使每一个学生获得成功,让体育成为"最开心"的课,从"被动体育"走向"自我选择",养成体育锻炼习惯,让体育成为学生的生活方式。

从满足青少年能力、关系和自主的心理需要为切入点,以积极的情感体验为中介,对青少年进行体育锻炼习惯养成的教育干预,从而加强学生的主体地位,激发学生锻炼热情,培养学生体育自主学习的能力,最终养

成坚持锻炼的良好习惯。

（1）从事中等强度的体育锻炼，在锻炼过程中采用任务定向，设置中等目标难度，则促进青少年体育锻炼习惯养成的效果要好于其他。

（2）群体情境下，从事具有社会适应度较高的运动项目，更容易促进青少年体育锻炼习惯的养成。

（3）不同运动技能水平，采用不同程度的课后自主支持，对青少年体育锻炼习惯形成有着显著性的成效。

课后对学生进行学习支持与没有学习支持对青少年体育锻炼习惯形成的效果存在显著性差异。不同的课后学习支持方式对不同运动技能水平的青少年体育锻炼习惯形成的效果存在显著性差异：高运动技能水平，采用全独立自主方式对锻炼习惯养成的促进作用好于网上自学和半指导学习支持；中等运动技能水平，采用半指导学习对锻炼习惯养成的促进作用好于网上自学和全独立自主学习支持；低运动技能水平，采用半指导学习对锻炼习惯养成的促进作用好于网上自学和全独立自主学习；网上自学的支持方式对青少年锻炼习惯的养成不存在显著性差异。

（4）环境设置和生理心理因素对青少年体育锻炼习惯的养成具有综合交互影响。和谐的环境，具有一定水平的体适能和运动技能，加上积极的情感体验，青少年体育锻炼习惯养成就会变得水到渠成。

5. 家校合作互动，发挥合力效应，促进青少年体育锻炼习惯的养成

家校合作互动以团体互动和实战演练的形式，通过采取由紧到松的时间节奏或延搁的策略培训方式，增强家长对学生参加体育锻炼的认知水平，明确参加体育锻炼的目的，产生强烈的内部动机，由外化向内化转化，积极地参与体育锻炼，进一步提高家长的运动技能和水平，提升家校互动能力，凸显家长与教师的合力效应，进而促进青少年体育锻炼习惯的养成，改善学生体质健康水平。

6. 学校、家庭和社区三位一体的青少年体育锻炼习惯教育干预体系

从终身体育与素质教育等角度,运用调查问卷对我国中小学生进行分层抽样调查,然后对调查数据进行因素分析,构建学校、家庭和社区三位一体的青少年体育锻炼习惯教育干预模型,该模型由 9 个一阶因子和 3 个二阶因子构成,二阶因子"学校教育"包含 6 个一阶因子,"家庭教育"包含 2 个一阶因子,"社区教育"包含 1 个一阶因子,研制的青少年体育锻炼习惯教育干预模型具有客观性、科学性、地域性和实用性,使得学校、家庭和社会互相渗透与有机结合,从而通过建立一定的组织和保障措施,形成一种立体型的教育资源体系。

第 2 节　青少年体育锻炼习惯养成
研究存在的问题与展望

1. 加强对体育锻炼习惯概念方面的基础研究

本研究虽然运用了解释结构模型法(ISM)对体育锻炼习惯的概念模型进行验证,但是,限于篇幅和精力,本书只是从整体上进行讨论和验证,还没有探讨二阶因子结构中单个变量在模型中的作用以及它们的交互效应,将来可以从子因素角度对体育锻炼习惯进行研究,可能会更具有实践价值。

2. 加强对体育锻炼习惯的认知神经机制研究

体育锻炼习惯的养成与个体的生理和神经机制之间可能存在一定的对应关系,故应使用认知神经科学的研究技术对青少年体育锻炼习惯养成的机制进行科学的研究。在注意、记忆、思维的认知脑机制与大脑前额叶有可

能存在关联,而在经常参加体育锻炼的群体的相关研究中也发现大脑前额叶区有变化,因此,需要加强在体育锻炼习惯的认知神经机制方面的研究。

3. 加强对青少年体育锻炼习惯养成的实践研究

在对家校合作互动能力进行干预的过程中,尽管干预的结果与预期设想基本相同,由于家长和学校在时间上不能得到很好保证,某种程度上影响了干预的时间节奏。在家校合作互动训练方案设计的缺陷中,例如有些如何进行无氧力量训练内容的案例没有收集全,使得家长亲子活动开展的内容以有氧运动为主,导致有些结果不太理想。同时,在运动处方的制作方面,由于家长的运动知识水平参差不齐,以及对家长的个体差异重视不够,导致家长和孩子开展运动的针对性不足,从而导致训练效果和质量的下降。同时,本研究的对象以小学四年级阶段的家长、教师和学生群体为主,这对于研究家校合作互动具有一定局限性。因此,充分考虑运动训练方案和家长的个体差异,应融合多方面的因素,提出有针对性、重点不同的干预方案,这方面还有待今后继续深入研究。

按照社会化过程中人与社会的互动观点来看,社会环境虽然在青少年体育锻炼习惯养成中起着间接作用,其作用应该得到重视,但是由于社区教育干预的复杂性及笔者有限的资源条件,使得本研究在社区教育干预方面仅停留在问卷调查层面,社区环境对青少年体育锻炼习惯养成教育作用的探讨缺乏深度,这也有待今后做更深入的探索。

4. 加强对锻炼习惯的保持和预防弱化的研究

未雨绸缪,防患于未然是更为积极的干预思路,既然体育锻炼习惯可以带来积极的影响,就应该尽早开展保持和预防研究。综合学校—社会—家庭等多方面的因素,在体育锻炼习惯养成问题上,不仅仅是学校教育工作者的任务,同时也是全社会的共同责任,应该被纳入全民健身条例中,这也将是今后研究的焦点。

附　　录

附录1　体育锻炼习惯陈述问卷

亲爱的同学：

　　你好！

　　本问卷主要是想了解下青少年体育锻炼习惯方面的情况，请你用一两句话描述"一个具有体育锻炼习惯的人的行为、心理和生理的特征……"请大家独自完成，答案无所谓对错，但是你的回答将对本研究起着非常重要的作用。谢谢合作！

性别：　　　　　　　　　　年级：

一、具有体育锻炼习惯的人，其行为：

二、具有体育锻炼习惯的人，在心理方面：

三、具有体育锻炼习惯的人，在生理方面：

再次感谢你的合作！

附录2　青少年对锻炼习惯概念模型结构要素之间关系的认知情况

　　您好,请根据自己的实际情况,判断表中因素的两两相互关系,在两个因素交叉的表格中填写相应的符号(仅需要填写表格中斜线上半部分),关系是指一个因素会对另一个因素产生影响,如两者相互产生影响则填写"×";如没有关系则填写"〇";两者关系如是单项的则填写"＜"或"∧",箭头指向被影响因素。例如锻炼习惯影响锻炼行为,则箭头指向锻炼习惯"＜"。

		1 锻炼习惯	2 锻炼行为	3 行为重复	4 行为稳定	5 行为控制	6 行为简单化	7 运动能力	8 思维模式	9 意识参与度	10 心理效能	11 锻炼意向	12 自我评价	13 锻炼情境	14 自动化	15 身体健康	16 锻炼兴趣	17 锻炼效果	18 锻炼评价	19 人际关系
1	锻炼习惯																			
2	锻炼行为																			
3	行为重复																			
4	行为稳定																			
5	行为控制																			
6	行为简单化																			
7	运动能力																			
8	思维模式																			
9	意识参与度																			
10	心理效能																			
11	锻炼意向																			
12	自我评价																			
13	锻炼情境																			

		1 锻炼习惯	2 锻炼行为	3 行为重复	4 行为稳定	5 行为控制	6 行为简单化	7 运动能力	8 思维模式	9 意识参与度	10 心理效能	11 锻炼意向	12 自我评价	13 锻炼情境	14 自动化	15 身体健康	16 锻炼兴趣	17 锻炼效果	18 锻炼评价	19 人际关系
14	自动化																			
15	身体健康																			
16	锻炼兴趣																			
17	锻炼效果																			
18	锻炼评价																			
19	人际关系																			

附录3　青少年体育锻炼习惯调查问卷初稿

青少年体育锻炼习惯情况

1. 我经常参加锻炼
2. 有时忙的时候我会忘记锻炼
3. 锻炼是日常生活的一部分
4. 一到锻炼时间,我会不由自主地想去锻炼
5. 会在固定的时间内进行体育锻炼
6. 我坚持锻炼已经很长一段时间
7. 即使天气热或冷,我也会去锻炼
8. 不参加锻炼对我来说是很难的
9. 我会自动地参加锻炼
10. 体育锻炼对我来说要比其他活动轻松得多
11. 总是很自觉地进行锻炼
12. 我会不假思索地去参加锻炼
13. 不需要我有意识地去想着参加锻炼
14. 坚持锻炼是我的个性
15. 如果不锻炼会感到很别扭
16. 我总是全身心地投入锻炼中
17. 这就是典型的我
18. 在我认识到我要锻炼之前,实际上我已经开始做了
19. 体育锻炼是不需要我去考虑的
20. 我不习惯没有锻炼的生活
21. 在身体方面,我对自己感觉良好
22. 我的身体长得结实强壮
23. 有较好的协调性
24. 具有很好的耐力
25. 不会轻易感到疲劳
26. 我可以胜任大多数体育运动
27. 能轻松地完成各种动作
28. 我对自己的身体状况充满信心
29. 我觉得锻炼非常好

30. 体育锻炼让我心情愉快

31. 体育锻炼让我感到精力充沛

32. 我因锻炼而自豪

33. 在运动中我有成功的快乐

34. 身体健康

35. 很少生病

36. 结交好多朋友

附录4　青少年锻炼习惯情况调查问卷

青少年锻炼习惯情况调查问卷

请你阅读下面句子的描述,判断每条所描述的内容是否符合你的实际情况,请在后面的数字中选择 1 个答案,并划上"√"。1＝完全不符合,2＝基本不符合,3＝有时符合,4＝基本符合,5＝完全符合。

	完全 不符合	基本 不符合	有时 符合	基本 符合	完全 符合
1. 锻炼是我经常做的事。	1	2	3	4	5
2. 锻炼中我很容易感到疲劳。	1	2	3	4	5
3. 我需要付出努力才能不去锻炼。	1	2	3	4	5
4. 锻炼是我日常生活的一部分(每天,每周)。	1	2	3	4	5
5. 我会自动地参加锻炼。	1	2	3	4	5
6. 我觉得锻炼非常好。	1	2	3	4	5
7. 我已经参加锻炼很长时间了。	1	2	3	4	5
8. 要我不锻炼是很难的。	1	2	3	4	5
9. 体育锻炼让我心情愉快。	1	2	3	4	5
10. 我可以胜任大多数体育运动。	1	2	3	4	5
11. 锻炼是我在意识到之前就已经在做的事。	1	2	3	4	5
12. 锻炼是我的特点之一。	1	2	3	4	5
13. 在身体方面,我对自己感觉良好。	1	2	3	4	5
14. 锻炼中,我能够轻松地完成各种动作。	1	2	3	4	5
15. 锻炼是我不用刻意去记就会去做的事。	1	2	3	4	5
16. 在运动中我有成功的快乐。	1	2	3	4	5
17. 不论遇到多少困难,我都会进行锻炼。	1	2	3	4	5
18. 锻炼是我不用想就知道怎么做的事。	1	2	3	4	5
19. 体育锻炼让我感到精力充沛。	1	2	3	4	5

20. 如果不锻炼我就会觉得别扭。	1	2	3	4	5
21. 我因锻炼而自豪。	1	2	3	4	5
22. 锻炼使我拥有良好的人际关系。	1	2	3	4	5
23. 即使天气热或冷,我也会去锻炼。	1	2	3	4	5
24. 锻炼是我不用想就会做的事。	1	2	3	4	5
25. 我常患各种流行性疾病,如感冒。	1	2	3	4	5
26. 锻炼是我的一个爱好。	1	2	3	4	5

计分方法与结果解释:

《锻炼习惯情况调查量表》共 26 个条目,其中 2、25 为反向题按 5~1 评分,然后,根据下列维度累加出分量表的分数。

各分量表的条目数及评价方法如下:

锻炼行为分量表包括第 1、4、7、10、14、17、23 个条目。得分相加,分数越高,锻炼行为的稳定性越强。

思维模式分量表包括第 3、5、8、11、12、15、18、20、21、24、26 个条目。得分相加,分数越高,自动化程度越高。

锻炼效果分量表包括第 2、6、9、13、16、19、22、25 个条目。得分相加,分数越高,锻炼效果越好。

附录5　身体自我效能量表

体育活动情况调查

请你阅读下面句子的描述，读完每条后，在每条后面符合你情况的那个方框打"√"，每条都需要回答。谢谢合作！

	非常 不符合	符合	比较 符合	比较 不符合	不符 合	非常 符合
1. 我参加运动时，反应非常灵敏。	□	□	□	□	□	□
2. 我参加运动时，动作既不敏捷也不 优美。	□	□	□	□	□	□
3. 我的身体相当强壮。	□	□	□	□	□	□
4. 我跑得并不快。	□	□	□	□	□	□
5. 当我参加涉及检验我身体灵活性 的运动时，我感到驾驭不了自己的 身体。	□	□	□	□	□	□
6. 我的肌肉弹性很差。	□	□	□	□	□	□
7. 我对自己的运动能力并不怎么感 到自豪。	□	□	□	□	□	□
8. 运动时，我的速度曾经帮助我摆脱 一些困境。	□	□	□	□	□	□
9. 参加运动或身体锻炼时，我是一个 能够咬紧牙关、坚持下去的人。	□	□	□	□	□	□
10. 由于我动作敏捷，头脑灵活，我曾 经做出许多人做不到的动作。	□	□	□	□	□	□

附录6 主观锻炼体验量表

主观锻炼体验量表

本量表的目的是测量你在锻炼后对于下列每种情绪体验到的程度，请根据自己的真实感受在每个句子后面的数字中选择1个答案，并划上"√"。1＝非常不符合,2＝不符合,3＝比较不符合,4＝折中,5＝比较符合,6＝符合,7＝非常符合。

	非常不符合←……→非常符合
1. 我感到伟大。	1　2　3　4　5　6　7
2. 我感到糟糕。	1　2　3　4　5　6　7
3. 我感到耗尽了。	1　2　3　4　5　6　7
4. 我感到积极向上。	1　2　3　4　5　6　7
5. 我感到不愉快。	1　2　3　4　5　6　7
6. 我感到疲惫。	1　2　3　4　5　6　7
7. 我感到强壮。	1　2　3　4　5　6　7
8. 我感到沮丧。	1　2　3　4　5　6　7
9. 我感到疲乏。	1　2　3　4　5　6　7
10. 我感到非常棒。	1　2　3　4　5　6　7
11. 我感到痛苦。	1　2　3　4　5　6　7
12. 我感到累。	1　2　3　4　5　6　7

计分方法与结果解释：

《主观锻炼体验量表》共12个条目,均采用7级李克特记分方法：从非常不符合为1分到非常符合为7分,依次递增。

各分量表的条目数及评价方法如下：

积极幸福感分量表包括第1、4、7、10个条目。得分相加,分数越高,积极的幸福感体验越强烈。

心理烦恼分量表包括第2、5、8、11个条目。得分相加,分数越高,烦恼程度越严重。

　　疲劳分量表包括第 3、6、9、12 个条目。得分相加,分数越高,疲劳程度越严重。

附录7　青少年体育学习兴趣水平量表

青少年体育学习兴趣水平量表

以下列出一些与你学习体育有关的陈述,请逐条阅读并确定你是否同意以及程度如何。如果你完全同意,选5;如果完全不同意,选1;如果你觉得介乎两者之间,请在1与5之间选择(适合你的)任一数字。中间值是3,当你的态度不偏不倚或不能确定时,可选此值。

	完全不同意				完全同意
1. 很希望上体育课。	1	2	3	4	5
2. 上体育课时,我经常希望快些下课。	1	2	3	4	5
3. 我经常在课外阅读体育方面的书籍。	1	2	3	4	5
4. 我对体育课的兴趣是最大的。	1	2	3	4	5
5. 不临到体育考试,我是不会去参与体育锻炼的。	1	2	3	4	5
6. 我常常在家附近找场地进行体育活动。	1	2	3	4	5
7. 我常阅读体育教科书上老师不讲的内容。	1	2	3	4	5
8. 体育课上我的注意力格外集中。	1	2	3	4	5
9. 我喜欢参与体育活动。	1	2	3	4	5
10. 我喜欢听每一位体育老师的讲课。	1	2	3	4	5
11. 我常用学过的体育知识和技能进行体育锻炼。	1	2	3	4	5
12. 老师说的话,我都照办。	1	2	3	4	5
13. 我对体育课不感兴趣。	1	2	3	4	5
14. 我喜欢收听电台中的体育新闻报道。	1	2	3	4	5
15. 我很愿意参与有一定难度的体育活动。	1	2	3	4	5
16. 如果课前知道体育课不上了,我会感到很高兴。	1	2	3	4	5
17. 我喜欢上网查询体育的有关信息。	1	2	3	4	5
18. 我喜欢教过我的每一位体育老师。	1	2	3	4	5

19. 我常觉得学习体育是一种负担。　　　　　1　2　3　4　5

20. 我有时会把今天的事留到明天去做。　　　1　2　3　4　5

21. 课后我很少主动参与体育活动。　　　　　1　2　3　4　5

22. 我的心里老盼着上体育课。　　　　　　　1　2　3　4　5

23. 我在节假日常常进行体育活动。　　　　　1　2　3　4　5

24. 在体育课上,我经常走神或偷懒。　　　　1　2　3　4　5

25. 我有时也讲假话。　　　　　　　　　　　1　2　3　4　5

26. 我喜欢收看电视中转播的体育比赛。　　　1　2　3　4　5

27. 我喜欢看精彩的现场体育比赛。　　　　　1　2　3　4　5

28. 我上体育课从不走神。　　　　　　　　　1　2　3　4　5

29. 我们体育老师上的每一堂课都是非常成功的。　1　2　3　4　5

30. 我喜欢所学的每一门功课。　　　　　　　1　2　3　4　5

附录8 青少年体育锻炼习惯调查问卷(修订)

青少年体育锻炼习惯调查问卷(修订)

请你阅读下面的句子的描述,判断每条所描述的内容是否符合你的实际情况,请在后面的数字中选择 1 个答案,并划上"√"。1＝完全不符合,2＝基本不符合,3＝有时符合,4＝基本符合,5＝完全符合。

1. 我经常参加锻炼。	1	2	3	4	5
2. 锻炼中我很容易感到疲劳。	1	2	3	4	5
3. 锻炼是我日常生活的一部分(每天,每周)。	1	2	3	4	5
4. 我会自动的参加锻炼。	1	2	3	4	5
5. 我觉得锻炼非常的好。	1	2	3	4	5
6. 我已经参加锻炼很长时间了。	1	2	3	4	5
7. 要我不锻炼是很难的。	1	2	3	4	5
8. 体育锻炼让我心情愉快。	1	2	3	4	5
9. 我可以胜任大多数体育运动。	1	2	3	4	5
10. 锻炼是我在意识到之前就已经在做的事。	1	2	3	4	5
11. 在身体方面,我对自己感觉良好。	1	2	3	4	5
12. 锻炼中,我能够轻松地完成各种动作。	1	2	3	4	5
13. 我会自觉去参加锻炼。	1	2	3	4	5
14. 在运动中我有成功的快乐。	1	2	3	4	5
15. 不论遇到多少困难,我都会进行锻炼。	1	2	3	4	5
16. 体育锻炼让我感到精力充沛。	1	2	3	4	5
17. 不锻炼我会觉得很难受。	1	2	3	4	5
18. 我因锻炼而自豪。	1	2	3	4	5
19. 锻炼使我拥有良好的人际关系。	1	2	3	4	5
20. 锻炼是我的一个爱好。	1	2	3	4	5

计分方法与结果解释:

《锻炼习惯情况调查量表》共 20 个条目,其中 2 为反向题,按 5～1 评分,然后,根据下列维度累加出分量表的分数。

各分量表的条目数及评价方法如下:

锻炼行为分量表包括第 1、3、6、9、12、15 个条目,得分相加,分数越高,锻炼行为的稳定性越强。

思维模式分量表包括第 2、5、8、11、13、14、16、19,得分相加,分数越高,自动化程度越高。

锻炼效果分量表包括第 4、7、10、17、18、20 个条目,得分相加,分数越高,锻炼效果越好。

附录9 国家学生体质健康标准(2014年修订)

单项指标与权重一览表

测试对象	单项指标	权重(%)
小学一年级至大学四年级	体重指数(BMI)	15
	肺活量	15
	坐位体前屈	30
	1分钟跳绳	20
小学三、四年级	50米跑	20
	坐位体前屈	20
	1分钟跳绳	20
	1分钟仰卧起坐	10
	坐位体前屈	10
	1分钟跳绳	10
	1分钟仰卧起坐	20
	50米×8往返跑	10
	坐位体前屈	10
	立定跳远	10
	引体向上(男)/1分钟仰卧起坐(女)	10
	1 000米跑(男)/800米跑(女)	20

注：来自《国家学生体质健康标准(2014年修订)》,体重指数(BMI)=体重(千克)/身高^2(米^2)。

附录10 青少年体育锻炼习惯养成
影响因素调查问卷

"青少年体育锻炼习惯影响因素(学校因素)"调查问卷

尊敬的老师:

您好! 请阅读下面的句子的描述,判断每条所描述的内容是否符合您的实际情况,请在后面的数字中选择1个答案,并划上"√"。1=完全不符合,2=基本不符合,3=有时符合,4=基本符合,5=完全符合。对您的热情参与表示最诚挚的谢意!

1. 学校确保学生有充分的时间进行课外体育活动。

2. 学校对学生课外体育活动时间有具体的硬性要求。

3. 学校经常与家长沟通,让学生确保回家有时间健身。

4. 学校经常督促学生积极参与体育活动。

5. 学校经常为学生举办健康知识讲座。

6. 学校经常通过宣传栏向学生宣传体育与健康知识。

7. 体育教师会传授体育与健康方面的知识。

8. 学校有体育与健康课程的理论考试。

9. 学校重视向学生讲授预防体育伤害事故的知识。

10. 体育课的教学组织形式能调动学生的学习积极性。

11. 体育课的内容安排完全能吸引学生积极参与体育学习。

12. 体育课上学生的情绪高昂。

13. 体育课上学生自主学习机会很多。

14. 体育课上师生互动频繁。

15. 体育课上学生达标的情况较好。

16. 学校注重通过奖励长效机制促进学生积极参与体育锻炼。

17. 学校各种优秀奖励与体育成绩的关系很大。

18. 学校对体育教师指导课外体育活动的开展有具体规定。

19. 领导对体育教师的待遇不存在偏见。

20. 体育教师严格执行国家规定的体育考核标准。

21. 学校领导常组织专人对课外体育活动进行定期检查。

22. 学校对主管部门下发的体育文件有具体的落实机构。

23. 学校的体育器材管理有方。

24. 班主任常参加学生课外体育活动的组织管理。

25. 学校有专人负责学生的体质健康管理。

26. 学校的场地器材能满足体育活动开展的需要。

27. 学校的经济水平能为体育器材设施提供有力保障。

28. 学校周围社区能对学校体育活动的开展提供支持。

29. 校领导重视对学校体育物质条件的改善。

30. 校内对体育赛事有经费支持,从不克扣。

31. 体育教师能充分开发利用体育课程资源。

32. 体育教师的业务水平能满足学校体育教学工作。

33. 体育教师的数量能满足学校体育活动的开展需要。

34. 体育教师的教学方法完全能够适应学生学习需要。

"青少年体育锻炼习惯影响因素(家庭因素)"调查问卷

尊敬的家长:

您好! 请你阅读下面句子的描述,判断每条所描述的内容是否符合您的实际情况,请在后面的数字中选择 1 个答案,并划上"√"。1＝完全不符合,2＝基本不符合,3＝有时符合,4＝基本符合,5＝完全符合。对您的热情参与表示最诚挚的谢意!

1. 父母认为参加体育活动能够减轻孩子的学习压力。

2. 父母认为通过参加体育活动能提高孩子的人际交往能力。

3. 父母认为通过参加体育锻炼能提高孩子的竞争力。

4. 父母认为通过参加体育锻炼能提高孩子吃苦耐劳的精神。

5. 父母经常督促孩子进行体育锻炼。

6. 父母有能力指导孩子进行体育锻炼。

7. 孩子在家里或是社区中锻炼时,父母能给予指导。

8. 父母经常带孩子一起参加体育活动。

9. 父母能满足孩子锻炼所需的体育设备。

10. 父母支持孩子购买体育用品。

11. 父母支持孩子花钱参加体育辅导班。

12. 父母会花钱带孩子到现场看比赛。

"青少年体育锻炼习惯影响因素(社区因素)"调查问卷

尊敬的朋友：

　　你好！请你阅读下面句子的描述,判断每条所描述的内容是否符合您的实际情况,请在后面的数字中选择 1 个答案,并划上"√"。1＝完全不符合,2＝基本不符合,3＝有时符合,4＝基本符合,5＝完全符合。对您的热情参与表示最诚挚的谢意！

 1. 社区通过宣传栏方式宣传体育健康知识和常识。
 2. 社区经常组织各种类型的体育活动或比赛。
 3. 社区有健身活动点。
 4. 社区的健身氛围浓厚。
 5. 社区有健全的体育管理体制。
 6. 社区体育锻炼常有专人指导。
 7. 社区有专门的体育领导机构。
 8. 社区有专门分管体育工作的干部。
 9. 社区能为体育健身提供经济保证。
10. 社区有专门的经费投入。
11. 社区支持花钱邀请专门人士来开展体育与健康讲座。
12. 社区经常免费提供有用的体育资源。

参 考 文 献

中文参考文献

白文飞,2003.北京市义务教育阶段学生良好体育锻炼习惯的调查研究
[J].北京体育大学学报(11):786-788.

陈丽珠,毕仲春,2006.义务教育阶段学生体育锻炼习惯形成影响因素的理
论分析[J].北京体育大学学报(3):380-384.

陈鸣,余健,2003.运动技能与锻炼习惯[J].北京体育大学学报(3):
403-404.

陈善平,闫振龙,2007.运动承诺理论及相关研究综述[J].武汉体育学院学
报(1):51-54.

董育平,2000.对影响大学生体育锻炼习惯形成的归因比较研究[J].北京
体育大学学报(3):324-325.

关北光,1997.中学生锻炼习惯形成的心理轨迹及引导方法[J].体育与科
学(9):64-66.

汉林,2005.好习惯是培养出来的[M].北京:海豚出版社:6.

何远航,2007.影响大学生体育锻炼习惯形成的因素研究[J].体育科技文
献通报(4):87-90.

黄天林,王惠敏,诸杰,刘晓娟,2004.影响现阶段大学生体育锻炼习惯形成
的心理因素分析及对策研究[J].西安体育学院学报(9):170-171.

季浏,符明秋,1994.当代运动心理学[M].重庆:西南师范大学出版社:
55-56.

季浏等,2001.体育教育展望[M].上海:华东师范大学出版社:29 - 30;127 - 128.

贾燕,董新军,2006.体育教学中的目标设置[J].山东体育科技,28(3): 78 - 79.

姜晓珍等,2004.关于学校因素对大学生体育锻炼习惯形成的影响的研究 [J].南京体育学院学报(4):47 - 50.

杰克·霍吉,2008.习惯的力量[M].吴溪泽,译.北京:当代中国出版社:11.

卡尔,2008.积极心理学:关于人类幸福和力量的科学[M].郑雪,等译.北京:中国轻工业出版社:185 - 187.

柯永河,1998.习惯心理学——写在吾谈椅上四十年之后(理论篇)[M].台北:张老师文化事业股份有限公司:376.

李燕平,郭德俊,1999.目标理论述评[J].应用心理学,5(2):34 - 83.

李永鑫,2008.工作倦怠的心理学研究[M].北京:中国社会科学出版社:129.

林传鼎,1986.心理学词典[M].南昌:江西科学技术出版社:26.

林少娜,陈绍艳,胡英宗,等,2004."学校、家庭、社区"体育教育一体化发展模式[J].武汉体育学院学报,38(6):50 - 53.

刘建平,李超红,李志鹏,等,2002.我国"学校、家庭、社区"体育一体化的创新体系与构建[J].武汉体育学院学报,36(6):37 - 38.

刘微娜,2009.体育运动中流畅状态的心理特征及其认知干预[D].华东师范大学博士学位论文:6.

孟昭兰,2005.情绪心理学[M].北京:北京大学出版社:152.

莫连芳,2007.对大学生体育锻炼习惯概念的界定[J].江汉大学学报(自然科学版)(3):91 - 93.

邱梅婷,贾绍华等,2005.体育锻炼习惯的形成机制和影响因素研究[J].首都体育学院学报(6):87 - 89.

沈建华,肖焕禹,龚文浩,2000.论学校体育、家庭体育、社区体育三位一体实施素质教育[J].上海体育学院学报,24(1)：68.

宋晓东,2000.中科院知识分子的锻炼行为及其干预策略[D].北京体育大学博士论文.

宋亚军,李向东,2003.对我国"学校、家庭、社区"体育教育一体化网络模式的研究[J].北京体育大学学报,26(3)：363 - 365.

苏林雁,2004.儿童多动症[M].北京：人民军医出版社：163.

王成,孙蔚,陈善平等,2005.大学生身体素质的发展趋势[J].北京体育大学学报,28(10)：1378 - 1389.

王红,王东桥,孙鲁,2001.论养成锻炼习惯是奠定学生终身体育基础的关键[J].北京体育大学学报(12)：540 - 541.

王华,王光荣,2005.目标设置理论对学生学习动机激发的启示[J].沈阳教育学院学报,7(1)：40 - 42.

王华倬等,2002.我国大学生课余体育锻炼现状的调查分析[J].北京体育大学学报(1)：89 - 91.

王培菊,2001.影响大学生体育锻炼习惯形成的心理因素分析[J].湖北体育科技(4)：41 - 42.

王则珊,1992.试论体育兴趣、爱好与习惯[J].体育科学,12(4)：16 - 18.

吴凡,2001.习惯于命运[M].北京：中国华侨出版社：380 - 382.

吴明隆,2010.结构方程模型：AMOS 的操作与应用[M].重庆：重庆大学出版社：286.

解毅飞,房宜军,王洪妮,2004.体育锻炼习惯研究概况及展望[J].山东体育科技(1)：43 - 45.

颜军,1999.体育锻炼习惯的心理学思考[J].上海体育学院学报(4)：77 - 81.

杨旭东,1993.论体育锻炼习惯的研究[J].中国学校体育(3)：53 - 53.

殷恒婵,周之华,1999.青少年足球运动员运动倾向性不同因果模型的探讨

[J].北京师范大学学报(自然科学版),35(4):555-559.

尹博,2005.影响大学生体育锻炼习惯形成的因素[J].体育学刊,12(1):139-141.

翟芳,童昭岗,颜军,等,2003.不同强度、项目的身体锻炼对男大学生心理健康认知维度若干指标影响的实验研究[J].天津体育学院学报(1):49-50.

张贵婷,靖桥,2008.影响大学生体育锻炼习惯因素体系的研究[J].北京体育大学学报(5):669-670.

张焕庭,1989.教育辞典[M].南京:江苏教育出版社:53.

张文新,1997.儿童社会性发展[M],北京:北京师范大学出版社:167.

张忠秋,1996.运动群体凝聚力主要表现特征与培养方式探讨[J].体育科学(16):68-73.

甄志平,赵志刚,邢文华,2005.知信行融合统一的发展性体育教育模式的理论建构与实施评价[J].沈阳体育学院学报,24(6):10-13.

钟振新,姚蕾,2003.大学生体育锻炼习惯调研[J].中国体育科技(39):27-29.

朱琳,日本富,2004.解释结构模型的简便方法[J].系统工程与电子技术,26(12):1815-1891.

朱智贤,1989.心理学大词典[M].北京:北京师范大学出版社:728.

庄姝婷,王聪聪,2010.青少年体质下降67.9%的人认为责任在应试教育[EB/OL].http://jtjy.china.com.cn/2010-04/13/content_3460528.htm,04-13.

邹肖云,1994.培养学生终身体育锻炼习惯探讨[J].成都体育学院学报(3):80-82.

英文参考文献

Ajzen I, 1985. From intentions to actions: a theory of planned behavior.

In: Kuhl J: 11 - 39.

Ajzen I, 1991. The theory of planned behavior: organizational behavior and human decision processes, 50: 179 - 2117.

Ajzen I, 2002. Residual effects of past on later behavior: habituation and reasoned action perspectives. [J]. Personality and Social Psychology Review, 6: 107 - 122.

American College of Sports Medicine, 1998. The recommended quantity and quality of exercise for developing and maintaining cardiorespiratory and muscular fitness, and flexibility in healthy adults [J]. Medicine and Science in Sports and Exercise, 30(6): 975 - 991.

Anderson J R, 1982. Acquisition of cognitive skills [J]. Psychological Review, 89: 369 - 406.

Armitage C J, 2003. Can the theory of planned behavior predict maintenance of physical activity? [J]. Health Psychology, 24: 235 - 245.

Arts H, 1996. Habit and decision making: the case of travel mode choice [D]. Dissertation, University of Nijmegen, The Netherlands.Ronis.

Arts H, Dijksterhuis A, 2000. Habits as knowledge structures: automaticity in goal-directed behavior [J]. Journal of Personality and Social Psychology, 78: 54 - 63.

Badura A, 1990. The self-regulation of motivation through anticipatory and self-reactive Mechanisms [A]. In Dienstbier (Ed.). Nebraska Symposium on Motivation [C]. Lincoln: University of Nebraska Press, 38: 99.

Bandura A, 1977. Social Learning Theory [M]. Prentice-Hall, Englewood Cliffs, NJ.

Bandura A, 1982. Self — efficacy mechanism in human agency.American

Psychologist: 91.

Bargh J A, 1989. Conditional automaticity: varieties of automatic influence in social perception and cognition. In J. S. Uleman, & J. A. Bargh (Eds.), Unintended thought (pp.3 - 51). New York: Guilford.

Berkowitz L, 1969. Social Motivation. In: Lindazey G and Aronson E Ed. The Hand Book of Social Psychology Reading [C]. Mass: Addison-Wesley: 83 - 178.

Birkedahl N, 1990. The habit Control Workbook [M]. New Harbinger Publication Inc., Oakland: 78.

Bouchard C, Shepherd R J, Sutton J R, et al, 1999. Exercise, fitness, and health: a consensus of current knowledge [M]. Human Kinetics, Champaign, IL.

Bronfenbrenner U, 1989. Ecological systema theory, ross vasta (Eds) [J]. Annuals of Child Development, 6: 187 - 250.

Burton D, Naylor N, Holliday B, 2000. Goal setting in sport: investigating the goal effectiveness paradox [M]. New York: John Wiely & Sons, Ine: 239 - 268.

Carr A, 2004. Positive psychology: the science of happiness and human strengths [M]. Hove and New York: Brunner-Routledge of Taylor & Francis Group: 8 - 70.

Cheng H, Furnham A, 2003. Personality, self-esteem, and demographic predictions of happiness and depression [J]. Personality and Individual Differences, 34(6): 921 - 942.

Courneya K S, Plotnikoff R C, Hotz S B, et al, 2000. Social support and the theory of planned behavior in the exercise domain [J]. American Journal of Health Behavior, 24: 300 - 308.

Deci E L, Ryan R M, 2000. The "what" and "why" of goal pursuits:

Human needs and the self-determination of behavior [J]. Psychological Inquiry, 11(4): 227 - 268.

Deci E L, Ryan R M, 2008. Hedonia, eudaimonia, and well-being: an Introduction [J]. Journal of Happiness Studies, 9: 1 - 11.

Deener T M, Horvat M, 1995. Effects of social reinforcement and self — recording on exercise duration in middle school students with moderate mental retardation [J]. Clinical Kinesiology, 49: 28 - 33.

Dishrnan R K, 1982. Compliance、adherence in health-related exercise [J]. Health Psychology, 1: 237 - 267.

Duriez B, Vansteenkiste M, De Witte H, 2007. The social costs of extrinsic relative to intrinsic goal pursuits: their relation with social dominance and racial and ethnic prejudice [J]. Journal of Personality, 75(4): 757 - 782.

EleEmer T M, Horvat M, 1996. Effects of social reinforcement and selfrecording on exercise duration in middle school students with moderate mental retardation [J]. Clinical Kinesiology, 49(9): 28 - 33.

Elliot A J, Church M A, 1997. A hierarchical model of approach and avoidance achievement motivation [J]. Journal of Personality and Social Psychology, 72: 218 - 232.

Epstein J L, 2001. School, family, and community partnerships: Preparing Educations and Improving School [M]. Westview Press.

Fazio R H, 1990. Multiple processes by which attitudes guide behavior. The MODE model as an integrative framework [M]. In Zanna, M. P. (ed.), Advances in Frpenmental Social Psychology. Academic Press, San Diego, CA, vol.23.

Fishbein M, Ajzen I, 1975. Belief, attitude, intention, and behavior: an introduction to theory and research reading [M]. MA: Addison-

Wesley.

Fransson E I M, Alfredsson L S, de Faire U H, et al, 2003. Leisure time, occupational and household physical activity, and risk factors for cardiovascular disease in working men and women [J]. Scandinavian Journal of Public Health, 31: 324.

Fredricks A J, Dossett D L, 1983. Attitude-behavior relations: A comparison of the Fishbein-Ajzen and the Bentler-Speckart models [J]. Journal of Personality and Social Psychology, 45: 501 - 512.

Greenough W T, Black J E, Wallace C S, 1987. Experience and brain development [J]. Child Development, 58: 539 - 559.

Hillsdon M, Thorogood M, Anstiss T, et al, 1995. Randomised controlled trials of physical activity promotion in free living populations: a review [J]. Journal of Epidimiolngy and Community health, 49: 448 - 453.

Hodgins H S, Kocstner R, Dunean N, 1996. On the compatibility of autonomy and relatedness [J]. Personality and Social Psychology Bulletin, 22: 227 - 237.

James, W. Principle of Psychology [M]. New York: Holt, 1890.

Ji Song M, Wood W, 2005. Habitual purchase and consumption: Habits and intentions guide behavior [M]. Manuscript submitted for publication.

John C L, Russell E Lee, 2003. Toward a comprehensive model of physical activity [J]. Psychology of Sport and Exercise, 4: 7 - 24.

Kasser T, Ryan R M, 1993. A dark side of the American dream: correlates of financial success as a central life aspiration [J]. Journal of Personality and Social Psychology, 65: 410 - 422.

Kasser T, Ryan R M, 1996. Further examining the ameriean dream: Differential correlates of Intrinsic and extrinsic goals [J]. Personality and Social Psychology Bulletin, 22: 280 - 287.

King A C, Blair S N, Bild D E, et al, 1992. Determinants of physical activity and interventions in adults [J]. Medicine & Science in Sports & Exercise, 24(Suppl. 6): S221 - 236.

Alexandris K, Zahariadis P, Tsorbatzoudis C, 2002. Testing the sport commitment model in the contest of exercise and fitness participation [J]. Journal of Sport Behavior, 25: 217 - 230.

Lewis B A, Marcus B H, Pate R R, et al, 2002. Psychosocial mediators of physical activity behavior among adults and children [J]. American Journal of Preventive Medicine, 23(Suppl. 2): 26 - 35.

Ma W F, Laffrey C S, Chen W C, et al, 2005. Regular physical activity for Taiwanese young adults with anxiety: a pilot study [C]. Presentation at the Centennial Conference of 23rd Quadrennial ICN Congress, Taipei, Taiwan.

Maddux J E, 1997. Habit, health and happiness [J]. Journal of Sport and Exercise Psychology, 19: 331 - 346.

Maturana H R, Varela F J, 1992. The tree of knowledge: the biological roots of human understanding (Rev. ed.) [M]. Boston: Shambhala.

Maureen R Weiss, Man L Smith, 2002. Friendship quality in youth sport: relationship to age, gender, and motivation variables [J]. Journal of Sport & Exercise Psychology, 2: 420 - 437.

Nicholls J G, 1989. The competitive ethos and democratic education [M]. Carmbridge, MA: Harvard University Press.

Brodin N, Christina H, 2007. Opava Predicting general health perception and exercise habits in ankylosing spondylitis [J]. Advances in Physiotherapy, 9: 24 - 30.

Ninot G, Bilard J, Delignieres D, 2000. Effects of integrated sport participation on perceived competence for adolescents with mental retardation [J]. Adapted Physical Activity Quarterly, 17: 208 - 221.

Ouellette J A, Wood W, 1998. Habit and intention in everyday life: the multiple processes by which past behavior predicts future behavior [J]. Psychological Bulletin, 124: 54 - 74.

Ousters R, Aarts H, 2005. Positive affect as implicit motivator: On the nonconscious operation of behavioral goals [J]. Journal of Personality and Social Psychology, 89(2): 129 - 142.

Park S, Kim Y, 2000. Conceptualizing and measuring the attitudinal loyalty construct in recreational sport contexts [J]. Journal of Sport Management(1): 197 - 207.

Pekka O, 1996. What are the criteria for health-enhancing physical activity? [C]. Paper presented at the Conference on Promotion of Health-Enhancing Physical Activity: A Preparatory European Meeting, 4: 13 - 14. Tampere, Finland.

Peter M, Gollwitzer V B, 1997. Implementation intentions and Effective Goal Pursuit [J]. Journal of Personality and Social Psychology, 73(1): 186 - 199.

Petty R E, Briñol P, Tormala Z L, et al, 2007. The role of meta-cognition in social judgment [J]. Social psychology: Handbook of basic principles, 2: 254 - 284.

Prochaska J O, 1994. Strong and weak principles for progressing from precontemplation to action on the basis of twelve problem behaviors [J]. Health Paychlogy, 13: 47 - 51.

Rodgers W M, Hall C R, Wilson P M, et al, 2009. Do nonexercisers also share the positive exerciser stereotype? An elicitation and comparison of beliefs about exercisers [J]. Journal of Sport & Exercise Psychology, 31(1): 4 - 17.

Rose B, Lark D, Berger B G, 2002. Coordination and gender influences on the perceived competence of children [J]. Adapted Physical Activity Quarterly, 14(9): 210 - 221.

Ryan R M, 1982. Control and information in the intrapersonal sphere: an extension of cognitive evaluation theory [J]. Journal of Personality and Social Psychology, 43: 450 - 461.

Ryan R M, Kuhl J, Deci E L, 1997. Nature and autonomy: Organizational view of social and neurobiological aspects of self-regulation in behavior and development [J]. Development and Psychopathology, 9: 701 - 728.

Ryan R M, 1993. Agency and organization: Intrinsic motivation, autonomy, and the self in Psychological development. In J. E. Jacobs (Ed.), Nebraska Symposium on motivation: Vol. 40. Develop mental Perspectives on motivation (1 - 56). Lincoln: University of Nebraska Press.

Ryan R M, Connell J P, 1989. Perceived locus of causality and internalization: Examining reasons for acting in two domains [J]. Journal of personality and Social Psychology, 57: 749 - 761.

Ryan R M, Deci E L, 2000. Self-determination theory and the facilitation of intrinsic motivation, social development, and well-being [J]. American psychologist, 55: 68 - 78.

Ryan R M, Huta V, 2008. Living well: a self-determination theory perspectivation education [J]. Journal of Happiness studies, 9: 139 - 170.

Scanlan T, Carpenter P, Schmidt G, et al, 1993. An introduction to the sport commitment model [J]. Journal of Sport and Exercise Psychology, 15: 1 - 15.

Scanlan T, Simons J, Carpenter P, et al, 1993. The sport commitment model: Measurement development for the youth-sport domain [J]. Journal of Sport and Exercise Psychology, 15: 7 - 8.

Schmuck P, Kasser T, Ryan R M, 2000. The relationship of well-being to intrinsic and extrinsic goals in Germany and the U. S. Social indicators, 50: 225 - 241.

Schwarz N, 1999. Self-reports: How the question shapes the answers [J]. American Psychologist, 54: 94 - 102.

Sheeran P, Aarts H, Custers R, et al, 2005. The goal-dependent automaticity of drinking habits [J]. British Journal of Social Psychology, 44: 47 - 63.

Sternberg R J, 1991. "An Investment Theory of Creativity and its Development," Human Development, 34: 1 - 31.

Stevens L E, Fiske S T, 1995. Motivation and cognition in social life: a social survival perspective [J]. Social Cognition, 13: 189 - 214.

Towler G, Shepherd R, 1991. Modification of Fishbein and Ajzen's theory of reasoned action to predict chip consumption [J]. Food Quality and Preference, 3: 37 - 45.

Triandis H C, 1980. Values, attitudes, and interpersonal behavior [M]. In H. E. Howe Jr., & M. Page (Eds.), Nebraska symposium on motivation, Vol. 27 (pp. 195 - 259). Lincoln, NE: University of Nebraska Press.

U.S. Department of Health & Human Services, 2009. Physical Activity and Health: A report of the Surgeon General. Atlanta [R]. GA: U. S. Department of Health & Human Services, Enters for Disease Control and Prevention, National Center for Chronic Disease Prevention and Health Promotion.

Valois P, Desharnais R, Godin G, 1988. A comparison of the Fishbein and Ajzen and the Triandis attitudinal models for the prediction of exercise intention and behavior [J]. Journal of Behavioural Medicine, 11: 459 - 472.

Verplanken B, Aarts H, van Knippenberg A, et al, 1994. Attitude versus general habit. Journal of Applied Social Psychology, 24: 285 - 300.

Verplanken B, Orbell S, 2003. Reflections on past behaviour: A self-report index of habit strength [J]. Journal of Applied Social Psychology, 33: 1314 - 1330.

Verplanken B, Wood W, 2006. Interventions to break and create consumer habits. Journal of Public Policy and Marketing, 25: 90 - 103.

Watson J B, 1919. Psychology: from the standpoint of a behaviorist [M]. Philadelphia and London: Lippincott Co.

Weiner, B, 1986. An attributional theory of motivation and emotion [M]. New York: Springer Verlag.

Weiss M R, Smith L, 1999. Quality of youth sport friendships: measurement development and validation [J]. Journal of Sport & Exercise Psychology, 21: 145 - 166.

Wilson P M, Rodgers W M, Carpenter P J, et al, 2004. The relationship between commitment and exercise behavior [J]. Psychology of Sport & Exercise, 5(4): 405.

Wood W, Tam L, Guerrero Wit M, 2005. Changing circumstances, disrupting habits [J]. Journal of Personality and Social Psychology, 88: 918 - 933.